大学生常见竞技体育项目训练指导

高振兴 / 著

山西出版传媒集团 山西人民出版社

图书在版编目（CIP）数据

大学生常见竞技体育项目训练指导 / 高振兴著. — 太原：山西人民出版社，2022.8

ISBN 978-7-203-12393-4

Ⅰ. ①大…　Ⅱ. ①高…　Ⅲ. ①竞技体育 — 运动训练 — 高等学校 — 教学参考资料　Ⅳ. ①G808.1

中国版本图书馆CIP数据核字（2022）第151788号

大学生常见竞技体育项目训练指导

著　　者： 高振兴
责任编辑： 吴春华
复　　审： 吕绘元
终　　审： 梁晋华
装帧设计： 赵　冬

出 版 者： 山西出版传媒集团 · 山西人民出版社
地　　址： 太原市建设南路21号
邮　　编： 030012
发行营销： 0351-4922220　4955996　4956039　4922127（传真）
天猫官网： https://sxrmcbs.tmall.com　电话：0351-4922159
E - mail： sxskcb@163.com　发行部
sxskcb@126.com　总编室
网　　址： www.sxskcb.com

经 销 者： 山西出版传媒集团 · 山西人民出版社
承 印 厂： 山西省教育学院印刷厂

开　　本： 787mm × 1092mm　1/16
印　　张： 15.75
字　　数： 180千字
版　　次： 2022年8月　第1版
印　　次： 2022年8月　第1次印刷
书　　号： ISBN 978-7-203-12393-4
定　　价： 48.00元

竞技体育是体育的重要组成部分，也是更高、更快、更强体育精神的具体体现。

前言

竞技体育是展示中国科技、经济、文化发展成就的重要窗口，在提高我国国际声望与国际地位中发挥着重大作用。毋庸置疑，中华人民共和国成立以来，伴随着我国政治、经济、社会的快速发展，经过70多年的努力，中国在奥运会等一系列国际体育大赛中取得卓越成绩，在国际竞技体育舞台上占据越来越重要的位置。基于竞技体育崛起的历史事实及竞技体育实现可持续发展的现实课题，在北京2008年奥运会辉煌之后，在中国深入推进建设体育强国的征途中，实事求是地归纳和总结中国竞技体育崛起的历程，找出竞技体育崛起中带有规律性的经验，同时注重竞技体育项目的全面推广和完善后备人才的有效培养，对于实现中国竞技体育长久、平稳、快速发展，使竞技体育更好地为新时代中国特色社会主义建设事业服务，具有重要的历史意义与现实意义。

基于此，本书围绕更高、更快、更强的体育精神展开研究，以“健康第一、强健体魄、服务专业”为理念，来更好地帮助体育爱好者学习和掌握多种体育技能。作为一名多年从事体育教学训练的高校教师，更要激发广大学生对各种竞技体育项目学习参与的主动性和积极性，以学习掌握竞技体育的基本技术动作要领为基点，培养他们的体育意识，树立正确的终身体育观，实现可持续性发展。

本书共分为十三章，包括了赛跑、障碍跑、接力跑、跳高、撑竿跳高、跳远、三级跳远、掷铁饼、推铅球、标枪、跨栏跑、竞走和马拉松这十三项最为基础的竞技体育项目，将体育基本理论知识和运动实践结合起来，融“教、学、练”于一体，图文并茂、简明扼要，使读者更易于掌握各项竞技体育技能，并提高实践能力。

在编写过程中，我借鉴和参考了国内外一些专家和学者的研究成果，在此致以真诚的感谢。鉴于时间紧迫、水平有限，书中难免有疏漏和不妥之处，恳请专家和读者批评指正。

著　者

2022 年 5 月

目 录 CONTENTS

第一章

赛跑

赛　跑

第一节　赛跑运动技术及动作要领

一、短跑技术特点

随着现代田径比赛的诞生，短跑越来越被人们喜爱，在很多学校，它都作为重要开展的体育运动项目；在军队中，它也是培养士兵身体素质的主要手段之一。特别是在欧美国家，短跑得到了空前的发展。1887 年，一种新的起跑技术出现了，即蹲踞式起跑，它的创造者是美国教练员玛尔菲。在一次偶然的情况下，他看到袋鼠的起跑动作，只见这只跑跳能手，后腿弯曲，猛地向前跳跃，一瞬间，玛尔菲的脑海里勾画出运动员起跑的姿态。在他的努力下，蹲踞式起跑技术很快出现在第 1 届现代奥林匹克运动会百米短跑的比赛中，来自美国的运动员布克获得了冠军，他所采用的起跑方式就是蹲踞式，以同样的起跑方式，他又在 400 米赛跑比赛中获得了冠军。从此，蹲踞式起跑被广泛应用。

短跑的发展历史中，还有一个关键点，它的出现，使短跑技术得以更快发展，那就是起跑器的诞生。1929 年，来自美国的运动员 G. 辛普逊最先使用了可调节的起跑器，并在短跑中取得了惊人的成绩，但由于当时相关体育组织不允许运动员使用起跑器，所以，他的成绩未被记入世界纪录。直到 1938 年，起跑器才被正式用于赛场。

女子百米短跑比赛最早出现在第 9 届奥运会上，接着，第 14 届奥运会上出现了女子 200 米赛跑项目，第 18 届奥运会上又出现了女子 400 米赛跑项目。

美国拥有许多优秀的男、女短跑运动员，如史密斯、刘易斯、乔伊娜等。随着科技水平的不断进步，20 世纪 60 年代末，全自动电子计时系统被广泛应用，它可以更加精确地计

短跑比赛

取每位运动员的赛跑成绩，其单位为1/100秒，比手动计时的精确度提高10倍。它能在运动员撞线的瞬间将成绩和名次迅速显示出来，减少了从前用肉眼区分名次而发生的误判现象，大大提高了短跑比赛的公正性。电子计时系统的出现也给运动员提出了更高的要求，掌握终点撞线技术是每个参赛者的必修课，因为在激烈的竞争中，哪怕只有0.01秒的优势，也足以力压群雄。

20世纪初期，跑步技术主要以踏步式跑法为主，运动员在跑步过程中，身体向前较大幅度地倾斜，大腿高抬，落地时，脚跟先触地，触地点离身体重心的投影点较近，且迈步长度短。随着人们对于短跑技术的进一步研究，芬兰人克里麦特提出了摆动式跑法，运动员在跑步过程中，上半身处于直立或微微前倾的状态，大腿高抬，脚触地时，以脚跟先落地为原则，落地点距离身体重心投影点较踏步式跑法稍远。经过进一步研究后，一个新的方法被瑞典体育学院的专家们所提出，即短跑时脚跟先落地被改为前脚掌落地。塑胶跑道的出现，人们开始对短跑技术进行革新，采用摆动式屈蹬型跑法，它能大大增强蹬地的实效性。

短跑技术的分析逐步采用了模型化和电子模拟技术，另外，运动生物力学、系统工程学等学科知识的相互交叉，也使短跑教学训练手段变得丰富多彩而富有创新。

短跑技术特点

短跑运动员跑动速度快，身体灵活，位移反应迅速，动作轻巧；肌肉运动活跃，弹性好、爆发力强且力量大；肢体配合协调，用力合理。

随着时间的推移，塑胶跑道逐渐被普及。运动员更加注重手臂的摆动、幅度的增大，以及送髋动作。脚部触地时，前脚掌作用明显，后蹬时屈蹬，全身动作协调一致。跑步姿态较从前更加舒展、放松。向前性好是现代短跑技术的主要特征。此外，短跑技术的学习和训练也发生了变化，教练员和运动员能够通过自身或他人，寻找技术和素质中存在的不足，继而寻求新的发展和新的平衡。

短跑的步频和步幅

短跑成绩的好与坏，与运动员跑动时的步频和步幅有着直接的关系，通常情况下步频和步幅分为三种形式，即步频型、步幅型、步频和步幅结合型。步频型的特点是跑动时运动员两脚交替频率高。步幅型的特点是运动员跑动时动作幅度大，步子长。步频与步幅结合型的特点是将两者有效地融合。这三种方式不分伯仲，在训练过程中，教练员需从运动员实际情况出发，采用最佳的跑动方式。

短跑的发展趋势

短跑发展趋势主要突出最高速度持续能力的发展。人在进行一段时间的高强度运动后，会出现疲劳感，继而运动效率下降。短跑是速度型运动，高速度持续时间越长，就越占据比赛的优势。目前，世界上已有很多出色的短跑运动员表现出了很好的高速度持续能力，这一能力也是未来短跑主要的训练方向。

注重短跑的经济性和实效性。运动员在短跑过程中应注重现实效果和向前的实效性，它们是短跑技术未来的发展方向。短跑运动中，运动员的比赛成绩往往只有微小的差距，所以，对于每一个动作细节的研究都十分必要，包括赛服的设计，也应大大提高它的减阻性。

短 跑

结合人体生化反应特点合理安排训练。短跑是一项极限运动，激发人类最大的短跑潜能一直是短跑的发展趋势。我们应根据人体运动中的生化反应及供能特点，从自身情况出发，制定科学有效的训练方法。

重视突出运动员个人特点。世界上没有完全一样的两片叶子，同是短跑运动员，各人身体的各项指标也有很大的差别。现代短跑训练更加注重突出个人身体特点和运动技术，在训练过程中，强化个人特点的发挥，扬长避短。

注重辅助练习和专门练习的创新。将辅助练习与专门练习充分结合，使前者能够更好地服务后者。

短　跑

二、短跑基本动作要领

短跑运动中的速度是各项体育运动的基础。无论跑动类项目还是跳跃类项目，都要求运动员具有一定的跑动速度。提高短跑能力对于田径运动的整体水平及未来发展具有十分重要的意义。

短跑动作要领包括起跑、加速跑、途中跑、冲刺跑。

起跑

运动员的起跑一般采用蹲踞式，此种方式可使运动员快速获得向前的冲力。运动员若能在起步中占据优势，那么将对接下来的加速跑十分有利。

运动员采用蹲踞式起跑方式就位后，注意力需高度集中，听从发令信号，即“各就位……预备”、枪鸣。当听到“各就位”的口令后，运动员两只手需完成撑地动作，发力脚放置于前，另一只脚则放于后，后腿膝部触地，两只手拇指相对，其他手指紧紧并拢，虎口向前撑于起跑线后。两手的距离同肩宽，两臂呈挺直状态，肩部稍向前移，可越过起跑线，目光集中于前下方约 0.5 米处。当发出“预备”口令时，运动员需抬起臀部，高度稍高于肩，处于前方的腿膝角为 100 度左右，处于后方的腿膝角约为 125 度，然后调整身体重心，使之前移。

运动员低头，稳定身体姿态，当发令枪声响起时，运动员两只手立刻推离地面，双臂发力，迅速摆动，双腿猛然蹬地。

影响短跑起跑的因素有很多，其中最重要的两点是身体的不平稳程度和身体总重心的高低。对于起跑来说，能否快速摆脱静止状态是至关重要的。

在准备姿势中，身体重心要尽量向前移，在启动的瞬间，重心应迅速提高，打破预备姿势的稳定状态。

起跑器在直道与弯道上的安装是有区别的。弯道上起跑，为了便于起跑后有一段直线距离完成加速，起跑器需沿着切线方向安装在跑道外侧。根据具体情况，其安装的位置与方向也

赛　跑

有变化，以八跑道为例，靠近内侧的几个跑道，起跑器应安装于靠外侧对准切点处；靠近外侧的几个跑道，安装起跑器时需逐渐靠内。运动员在起跑预备姿势中，左手放于起跑线后大约8厘米处，此位置便于起跑后加速。身体启动后，前几步须沿内侧分道线的切线运动，未进入直道之前，运动员的身体要向内倾斜，这样做的目的是摆脱弯道带给身体的阻力。

起跑后加速跑

成功的起跑可以为加速跑创造有利条件。加速跑是短跑的第二个环节，起到承前启后的重要作用。这一环节起自双脚蹬离起跑器，止于途中跑，加速跑的跑动距离不宜过短，通常情况下，可控制在 30 米左右。运动员在起跑后，快速将身体调整至最快速度，保持好身体重心，继而进入途中跑。

运动员在蹬离起跑器后，继续保持身体前倾，为了不发生倾倒现象，运动员必须快速摆动双臂，与此同时，控制双腿蹬地的力量，上下肢协调配合，切忌不得出现停顿和跳跃，否则将对比赛成绩产生不利影响。

加速跑分为两种，即直道起跑后加速跑和弯道起跑后加速跑。在直道加速跑的第一步中，摆动腿向前摆并与支撑腿之间形成大于 90 度的夹角，注意摆动腿的抬腿高度应适中，大腿呈向后压状态。加速跑中的前几步是技术关键，应对每一步的幅长均有科学计算，比如加速跑中的第一步长约四脚左右，接下来的每一步逐渐增加长度，直至进入途中跑环节。

开始加速跑时，运动员的上半身应处于前倾状态。加速跑进行时，运动员身体自然过渡到正直，速度迅速提高，脚步的落点也发生变化，由最初的自然分散到合并为一条直线。

弯道起跑后加速跑有一定的难度，为了使速度快速提高，最初的几步应向着内侧分道线切点呈直线跑动，其加速跑的距离小于直道加速跑。运动员的上半身也比直线加速跑时起得要早，弯道跑时沿内侧分道，身体向内倾斜。

途中跑

在加速跑中，运动员将速度提升至自己的最佳水平，之后，顺利进入途中跑环节。途中跑的距离在短跑的四个环节中所占比例最大，途中跑技术的合理运用至关重要。途中跑要达到的目的是继续保持加速跑中达到的最佳状态，由后蹬、前摆等五部分组成。

后蹬和前摆：后蹬的目的是获得前进的力量，前摆的目的是配合大步幅。跑动中，前脚掌触地的瞬间也就是腾空力量的运作与发出的开始。此时，支撑腿需积极缓冲，膝关节部位角度要控制在 140 度左右。当运动员的重心移过支撑垂直面时，支撑腿随即后蹬，力量从髋关节开始，再到达膝、踝关节和脚掌。与此同时，摆动腿配合，使髋、膝、踝关节依次进行伸展，后蹬动作就此完成。需特别指出，在这一过程中，踝关节的伸展尤为重要。蹬地动作发生后，摆动腿应从折叠状态向前上方摆出，与此同时，带动同侧的髋前移，大腿与地面形成适当的角度，通常情况下，角度被控制在20度左右。

摆腿的幅度以大为宜，摆腿从支撑点后方摆至身体重心的垂线下方，可有效配合支撑腿的积极缓冲。摆臂的主要作用是配合跑步者身体平衡及调节步长与步频。摆臂时，运动员的肩带部要尽量放松，屈肘，上臂的运动带动前臂的运动，向前摆动时，肘关节微微向内，角度在60度以上、70度以下，手的摆动幅度控制在下颌附近。向后摆动时,肘关节微微向外，肘关节角度在130度以上、150度以下。

腾空是运动员蹬离地面后，身体短暂处于无支撑的一种状态。此时，原来的支撑腿离开地面，呈折叠状，而原摆动腿则向前下方摆出，做前脚掌扒地动作，支撑腿的折叠角度在这一刻也达到了最低程度。

腾空力量的发起是由着地和缓冲开始的。运动员脚部触地时，切忌生硬、无缓冲，在触地的瞬间，重心下移，接近最低点，膝关节和踝关节呈大角度的弯曲，此时，支撑腿伸肌处于待发状态。需要注意的是，摆动腿发力切记使身体保持平稳，将折叠角度尽量控制在最小幅度，从而降低摆动阻力，使其后蹬顺利完成。

这一过程中，运动员的上半身须保持标准，唯有如此，才能保证双腿有力的蹬摆幅度。正确的上半身姿势是呈微微前倾或正直的，运动员目视前方，双臂摆动频率快，力量大。

弯道途中跑

运动员进入弯道后，整个身体需刻意向内倾斜，双侧腿和手臂的摆动力量与幅度形成差异，即右侧大于左侧。右腿向前进行摆动时，膝关节微微向内弯。脚部触地时，脚掌内侧的力量大于外侧。左腿的力量与幅度相对较弱，膝部微微向外。脚部触地时，前脚掌外侧的力量大于内侧。右臂进行摆动时，关节需向外倾。左臂前后摆动时，切忌碰触躯干。在进入直道最初的两三步，运动员应利用惯性放松跑，身体逐渐减小内倾程度，快速变为正直，而后全力向前。

冲刺跑

冲刺跑是全程跑的最后一个环节，也是接近终点前的奋力一搏，运动员需在此时将大腿尽量高抬，加速摆动双臂，使身体处于较大幅度的前倾,距离到达终点 10 米左右，运动员的体力被大幅度地消耗，此时，唯有通过加速摆臂来保持速度。冲线的瞬间，运动员上半身快速前倾，用胸部或肩部触线。运动员冲过终点后，切忌立刻停止跑动，应随惯性继续向前跑行一段距离。

冲刺跑

三、中长跑技术

中长跑与短跑相比，速度要求没有短跑高，它是一种耐力性较强的项目。运动员在进行中长跑时，既要保持一定的速度，又要具有体能的持久性。因此，中长跑技术的要求是：动作既轻松又自然，保持身体平稳，跑动时，掌握一定节奏，伸髋积极，蹬摆迅速有力，在尽量节省体能的前提下，注重跑动的实效性。中跑对运动员的速度和耐力是极大的考验，而长跑对速度的要求不如短跑和中跑突出，但对耐力的要求明显提升。长跑与中跑的动作技术要点基本相同，但由于长跑的跑动距离长，所以在用力程度、动作幅度等方面要与中跑有所区分，它更讲究动作的经济性和实效性，换言之，在未到达终点前，运动员既要考虑当前排名，又要节省体力，以便在冲刺阶段有出色表现；与此同时，还应掌握好发力点，在关键技术动作上发力以获得最佳效果。

中长跑由三部分组成，包括起跑和起跑后的加速跑、途中跑和冲刺跑。

起跑和起跑后的加速跑

中长跑的起跑姿势为站立式。听到发令信号后，运动员迅速摆脱静止状态，并根据战术需要调整跑动速度，占据有利位置。起跑前,运动员在起跑线后的集合线处等候裁判发令,放松身体,做赛前准备,可以深呼吸,也可以做简单的热身。当“各就位”的口令发出后,运动员来到起跑线,双脚呈开立状态,将起跑时的发力腿放于起跑线后沿,另一脚在距离前脚跟大约一脚长的位置,双脚的左右距离约为半脚长。运动员两腿微微弯曲,上半身向前倾斜,调整身体重心,使之前移;后脚脚跟抬起,双臂自然垂于身体之前,或者与前脚相对的手臂在前,另一只手臂在后,集中精神,等待发令枪声。

中长跑起跑后的加速跑

途中跑

对于中长跑来说,途中跑是重要阶段。能否取得优异成绩,途中跑起着决定性作用。在这一环节中,运动员不仅要发挥个人最大的潜能,而且还要进行战术调整。途中跑时,运动员的身体需保持一定的前倾角度,摆臂、摆腿等动作幅度需适当缩小,后蹬动作积极、迅速,后蹬角度以大为宜,通常情况下,角度可控制在55度左右。跑动时保持节奏,节奏特点为均匀、实效、省力。运动员应调整呼吸,使其与跑动步伐协调配合,如跑两步或三步一呼气,再跑两步或三步一吸气。随着跑动距离的增大,运动员的体力会出现不同程度的下降,呼吸频率逐渐变快,此时,运动员可根据自身的情况进行相应调整,比如一步一呼气、一步一吸气,尤其注意呼气方法,要尽量多地呼出二氧化碳,只有这样,才能更好地完成吸气。另外,运动员还要考虑自然环境对人体的影响,比如,逆风跑时,吸进的气流很容易使运动员的咽部受到刺激,此时,运动员最好将舌尖向上翘,使之顶住上腭。

呼吸对于中长跑者能否够顺利跑完赛程是非常重要的。在跑动过程中,运动员内脏器官处于比较紧张的状态,特别是在比赛接近尾声时,其体内氧气的供应慢慢落后于肌肉活动的需要,具体表现为四肢出现无力感、呼吸变得越来越困难、胸部发闷等,对于普通人来说,此时可能出现难以再继续跑下去的感觉,即身体进入“极点”状态。对于长跑运动员来说,“极点”的到来会比普通人晚。“极点”出现后,将是对运动

员意志力的考验，唯有以顽强的毅力继续跑下去才能最终获得胜利。此时，运动员呼吸应放松，根据自身的状态控制跑动速度，待身体状况得到缓解后，再进行加速跑。在日常训练中，运动员对“极点”的克服，一方面能够提高训练效果，另一方面还可以培养他们的意志力。

冲刺跑

冲刺跑是中长跑的最后一个环节。在这一环节，运动员需快速摆动手臂，加大大腿的动作幅度，腿部蹬摆更加有力，将身体的全部能量释放出来，奋力跑向终点。冲刺的距离并没有严格规定，可视不同项目，或运动员自身的情况而定。通常情况下，800 米跑中，冲刺距离可控制在最后 300 米，1500 米及以上的长跑中，冲刺距离可控制在最后 400 米。

第二节　赛跑运动训练

一、短跑训练

短跑是极限强度运动项目，运动员能在数秒内跑完全程，在这短短的距离中，身体的全部运动能量瞬间爆发，继而达到极限。现代运动训练由四部分组成，即身体训练、技术训练、战术训练和心理训练。

身体训练

短跑训练的第一步为身体训练。每个练习者的身体素质不尽相同。所谓身体素质就是指通过身体活动所表现出来的速度、力量、耐力、灵敏度等能力。身体素质的好坏很大程度上取决于后天的锻炼或训练，所以，无论从事何种运动，身体素质的训练都是必修课。在短跑运动中，身体素质的提高对于提升运动技术水平有着至关重要的作用。另外，它还可以促进练习者更好地掌握先进的技术、战术，以及培养他们良好的意志品质。

速度训练

短跑是体现速度的运动，身体瞬间启动后，很多内脏器官会迅速缺氧，在这种情况下，练习者要完成极限强度运动，对于速度素质的要求就变得特别重要。速度训练由三部分组成，即动作速度训练、位移速度训练和反应速度训练。

动作速度训练

所谓动作速度就是指练习者在单位时间内完成动作的数量，它主要通过人体肌肉的收缩来完成。

动作速度训练

原地快慢交替摆臂：短跑中，摆臂动作的作用十分重要，它不仅有利于保持身体平衡，还可以促进支撑腿后蹬，配合腿部的摆动频率。在日常训练中，练习者可听口令进行摆臂训练，摆臂时，要进行慢与快的交替练习。练习者的肩关节需处于放松状态。

快慢交替小步跑：练习者在训练时，缩小动作幅度，由慢到快，做加速跑练习。在这一过程中，练习者的上下肢动作需协调放松，前脚掌扒地。

位移速度训练

所谓位移就是位置发生变化，位移速度训练是在单位时间内锻炼练习者快速移动的能力。短跑的位移速度由三部分组成，即加速位移速度、最高位移速度和保持最高位移速度。

加速位移速度训练方法：练习者选择一个适当的坡度进行训练，坡度可控制在 4 度左右。练习内容没有严格要求，比如做上坡加速跑 30 米 + 加速跑 30 米、高抬腿 10 米 + 加速跑 30 米等。

最高位移速度训练方法：练习者选择一个适合的坡度进行训练，坡度可控制在 3 度左右，练习内容没有严格要求，可做下坡跑 50 米、行进间跑 50 米等。练习者需注意，在训练过程中，要始终保持一定的步频，步幅尽量放到最大；还可以进行牵引跑练习，比如下坡跑、顺风跑。距离可根据练习者自身情况而定，通常情况下，练习距离约为 20 米。

保持最高位移速度训练：练习者在达到最高位移后，要继续保持这一高速位移，使之进入稳定阶段。这一训练具有一定的难度，需进行反复、长时间的练习。

反应速度训练

反应速度是指人体对来自外界刺激的应答速度。在短跑运动中，来自外界的信号刺激并不多，练习者只要按照既定的信号做出相应的反应即可。起跑时采用蹲踞式，发令枪响，练习者迅速起跑。反应速度训练的要求是注意力应高度集中，在很短的时间内完成动作。

注意事项：速度训练经常要从静止状态转变到高速跑动的状态，由于在这个过程中需要练习者做出很大的爆发力，所以练习者在进行速度训练时应充分将准备活动做开，以免肌肉拉伤。

力量训练

力量素质是指练习者在受到来自外界的阻力时，所表现出来的克服能力，这种能力是通过肌肉紧张或收缩来完成的。短跑运动员速度的提高与力量素质有着直接的关系，而力量素质的发展也被用来衡量运动员身体的训练水平。力量素质训练对练习者提出了一条非常重要的要求，那就是一定要拥有饱满的热情以及坚强的意志力。

既然力量素质的提高是通过肌肉的紧张或收缩来表现，

那么，练习者就要针对肌肉进行训练，比如负重练习和抗阻力练习等。练习时，要循序渐进，逐渐增加负重和阻力。

上肢力量训练方法：轻负重或脚放置于高处进行俯卧撑，引体向上等。

腰腹力量训练方法：徒手或负重仰卧起坐，仰卧起坐左右转体，仰卧起坐向前抛实心球，仰卧反弓起坐，仰卧举腿，悬垂举腿，仰卧起坐举腿，负杠铃体前屈、转体等。

下肢力量训练方法：提踵，踝跳，半蹲跳，双摆跳绳，跳台阶等；负重杠铃弓步走，弓步交换腿跳，高抬腿跑，纵跳，直腿跳，分腿跳等；大腿侧外摆与侧内摆，小腿抗阻力后收。

短跑训练

短　跑

例如后蹬跑，需锻炼发展腿部力量，可进行支撑练习和负重支撑练习。要求练习者的上半身微微向前倾，髋、膝、踝关节蹬伸，动作标准，根据自身情况，使腿间的夹角增大。高抬腿的动作主要是针对大腿的前群肌肉和髋关节进行训练，可做原地快速高抬腿或支撑高抬腿等练习。在高抬腿的训练中，练习者要坚持从易到难、从轻到重、从慢到快的原则。

注意事项：在做综上训练时，由于练习者需要完成一定的抗阻力动作，所以在开始训练之前，练习者必须进行适当的准备活动，以免肌肉造成不同程度的损伤。

发展下肢爆发力的方法有双足跳远、立定 3~5 级蛙跳、立定 3~5 级跨步跳、弓箭步交换跳、连续跳栏、多级跨步跳、跳深等练习。训练要求是注意用力方法、用力顺序，练习者应用力充分，动作速度快，整体动作配合协调。如杠铃练习，可进行大重量深蹲或中等重量跨步走练习，要求练习过程中髋、膝、踝关节充分蹬伸。

注意事项：在做跳跃练习时，要注意脚踝的保护，单脚或双脚落地时都应有个明显的缓冲过程。

耐力训练

耐力是人体不可或缺的身体素质之一，尤其对于从事体育运动的人员来说，提高耐力素质水平则是必修课。一个运动员，若不具有良好的耐力素质，那么，无论他在体力上还是运动技艺以及战术发挥上，都不会表现出色，终将在激烈竞争中所淘汰。什么是耐力素质呢？它是指人在一定时间里做某件事所表现出来的克服疲劳的能力。对于运动员来说，这种抗疲劳能力越强，说明他的耐力素质水平越高。有人说，短跑的跑动距离较近，不需要出色的耐力素质。这是极为错误的思想。短跑要求运动员完成最高质量下的抗疲劳，所以短跑耐力训练同时也是对于力量、速度、柔韧性等其他各方面素质的最高要求，尤其在400米赛跑中，其对耐力素质的要求很高。

柔韧素质

柔韧素质是人体不可或缺的身体素质。尤其是从事体育运动的人员，柔韧性尤为重要。柔韧素质大致包括两方面的内容，一是关节活动幅度，二是跨过关节一些组织的伸展能力，这些组织包括韧带、肌腱等。活动幅度越大，弹性与伸展能力越强，表明运动员的柔韧性越好。通过科学的指导，运动员可以在柔韧素质训练中使肌肉力量得以充分发挥，为增加动作力量创造有利条件，同时，还能降低受伤的可能性。不仅如此，好的柔韧性还可以使运动员少走弯路，快速掌握动作要领，提高技术水平，包括协调性与准确性。

短跑运动中尤其需要注意的是，柔韧性训练与力量训练的结合，要求柔韧素质的储备足够使运动员的最高速度水平得以发挥，主要练习肩部关节、腿部关节和髋关节的灵活性。

肩关节柔韧性练习方法：手扶一定高度的物体，上体前屈压肩；两人互相以手搭肩，上体前倾，向下压肩。

腰腹部柔韧性练习方法：原地或行进间向左后或右后来回转腰，体前屈与体后屈。

下肢柔韧性练习方法：前后劈腿，前压腿、后压腿、侧压腿，前摆腿、后摆腿、侧摆腿。

注意事项：柔韧性训练时，因为需要经常牵拉肌肉、肌腱、韧带等软组织，所以动作幅度与力度要由小到大，训练某部位时，各部位应协调放松。采用相互帮助或静力拉伸时，用力节奏要合理。

灵敏素质

短跑运动中的灵敏素质和反应速度具有一定的关系，它主要体现在运动员的判断力和起跑的瞬间反应上。训练中应注意发展灵敏素质，可提高练习者快速敏捷的反应速度与协调等能力。

短跑比赛

提高反应判断能力练习方法：练习者听从协助者发出的口令，迅速做出与口令相反的动作，如进行躲闪跑、各种变换方向的追逐性游戏等。

发展协调能力练习方法：练习者双臂在身体前进行交叉摆动侧身跳，后退跑，做不习惯方向动作，其实大家熟悉的踢毽子游戏同样也可以用于加强运动员的身体协调能力训练。

注意事项：练习者要集中注意力，听到信号后动作要快，练习时动作要放松。

技术训练

短跑运动技术主要有三个阶段，即粗略形成技术阶段、改进提高技术阶段和巩固运用技术阶段。这三个阶段呈渐进式，各自的训练方法不尽相同，各具特点。比如，处于粗略形成技术阶段的练习者，通常内抑制不强，具体表现为运动中的动作不协调，完成动作时吃力，自控力弱，同时还会出现一些多余动作，无论在动作完成的精确度上还是连贯性与稳定性上，都存在许多不足。所以，在短跑训练过程中，首先要让练习者对自己的身体有个初步了解，掌握身体每个部位的动作情况，以及体会哪一个部位用力不到位或哪一个环节中没能充分发挥，从而有针对性地进行专项训练。

短跑技术训练的方法主要有如下几个方面：

短跑比赛

小步跑：练习者在进行此项训练时，注意大腿需提高动作频率，膝部关节处于放松状态，掌握脚前掌扒地技术。

高抬腿跑：练习者在进行该动作时，摆动腿需提高频率，快速向前上摆。

后蹬跑：这项训练主要针对摆蹬技术。

原地摆臂：这项训练主要针对摆臂技术和频率。

高重心中速大步跑：主要训练小腿放松自然折叠、大腿向前上摆动技术，大腿积极下压和脚前掌积极扒地技术，以及上、下肢协调配合和蹬摆结合技术。

直道进弯道与弯道进直道跑：主要训练弯道跑技术与直道进弯道、弯道进直道跑技术的衔接。

蹲踞式起跑 5 米：主要训练起跑快速蹬摆技术、上体前倾动作及第一步前摆落地技术。

半蹲式起跑加速跑 10 米：主要训练加速跑前几步快速前摆下压技术，上体前倾动作及两脚着地的位置。

半蹲式或蹲踞式起跑 30~50 米：主要训练加速跑技术环节动作，以及加速跑与途中跑技术动作的衔接。

全程跑：主要训练终点跑快速摆臂的能力，以及各技术环节的衔接。

放松技术对短跑成绩的影响

短跑是一项极限强度运动。短跑中，运动员无论心理还是生理都处于极度紧张的状态，科学而有效的放松技术可以帮助运动员完成运动负荷的相互适应，使神经系统和肌肉系统能够精密配合，体能由此获得最大限度的发挥。通过长时间的实践证明，短跑成绩与运动员肌肉的放松能力息息相关，特别是在跑动距离增大的情况下，这种作用尤为明显。放松技术包括三方面内容，即心理、生理和运动学。

心理特征

注意力。注意力是指人在从事某件事情时，其心理活动对一定对象的指向和集中。人们都知道，田径赛场会有不计其数的观众，以及各种灯光，这些来自外界的干扰都会对运动员的心理产生不同程度的影响。一个优秀运动员应将自己的注意力集中和指向所参加的比赛项目上，而不是其他。注意力集中可以使运动员处于最佳的竞技状态，从而更为顺利地完成技术动作，取得理想的成绩。

情绪。情绪对人的影响是巨大的，无论做任何事，拥有好心情，集聚正能量都能使事情完成得更加顺利。同理，运动员走进赛场，很多客观因素如气候、场地、对手等都会对他的情绪产生影响。当来自外界的因素对运动员产生正面、积极的作用时，他就容易产生良好情绪，以饱满的热情迎接接下来的竞技比赛。相反，当外界因素对运动员产生负面、消极的作用，或对其持否定态度时，他就容易产生厌恶、害怕、紧张等情绪，这些不良情绪使他的大脑皮层神经系统受到刺激，从而破坏其肌肉系统的协调配合，结果可想而知。因此在日常训练中，运动员应加强心理承受力的锻炼，刻意制造一些干扰，提高抗压能力。

信心。有人说，自信的人最美丽，自信的人已经走向成功的一半。对于运动员来说，提高运动素质与掌握技能的目的是在比赛时将它们全部发挥出来，但若自信心不够，在赛场上夸大了对手的实力，使自己受到不良情绪的影响，那么在比赛中，他必然无法发挥正常水平，从而影响成绩。由此可见，自信心对于运动员是至关重要的。每一个运动员，都要以平和的心态，客观、准确地评价自己，人在充满自信时，神经系统处于最佳状态，肌肉系统也会随之积极放松、协调工作，运动所需的各种身体素质均处于良好状态，其技术能力必将正常发挥，甚至超常发挥。

短跑训练

短跑起跑姿势

生理特征

从生理特征上来讲，短跑放松技术主要通过肌肉来完成，肌肉有序地放松、协调，从而达到最终目的。科学证明，跑动时为人体提供能量的系统为 ATP（三磷酸腺苷），在短跑运动中，运动员的血乳酸比非训练时高 35% 左右，血乳酸属强酸，当它的含量增多时，就会使体内环境中的酸碱度失去平衡，进而影响 ATP 再合成。换言之，此时人体已经无法获取更多的能量，同时神经中枢工作出现紊乱，不能与肌肉产生良好的配合，导致运动员失常发挥。相反，若运动员的肌肉得到适宜的放松，体内有充分的血液分配给肌肉，使肌肉能够及时排除代谢产物，神经中枢系统有序地工作，那么，运动员必然能发挥出应有的竞技水平。

运动学特征

短跑是以速度取胜的项目，而速度又取决于步长和步频的结合，高步频依赖于大脑皮质运动中枢兴奋与抑制的快速转换，身体的协调肌群有更多肌纤维参与运动，从而调动了肌肉的收缩速度，加快了步频。而肌肉的放松可以提高各运动关节的灵活性和柔韧性，从而增大步幅。

短跑放松技术训练

练习者在进行放松技术训练时要身体放松，可开展大步跑训练，在跑动过程中，大腿尽量抬高，打开髋关节，步伐的频率不宜过快，注意跑动时的姿势应协调，跑动距离没有严格要求，建议控制在 70 米左右。

往返跑：练习者身体放松，掌握协调跑技术，建议跑动距离控制在 50 米，进行 5 组左右的练习。

惯性跑：练习者在跑出最佳的速度后，利用惯性做自然放松跑。

下坡跑：练习者选择适当坡度进行下坡跑，通常情况下，坡斜度在 3 度左右。下坡跑的目的是让练习者体会肌肉放松的感觉。

中速跑：练习者根据自身情况进行中速跑训练，跑动距离没有严格规定，以 100 米以上、500 米以下为宜。

顺风跑：练习者借助风力跑动，肌肉放松，发展放松能力。

弹性跑：在弹性跑训练中，练习者需充分体会踝关节的蹬伸用力节奏。

身体素质训练常用方法包括：小步跑、车轮跑、直腿跳、踢腿以及负重练习等。

自我暗示：练习者利用自我暗示等方法进行心理自我调节，达到身心的恢复与放松。

短跑技术动作纠错

前面已经讲过，短距离跑技术由四部分组成，即起跑、加速跑、途中跑、终点冲刺。这四部分并不是独立存在的，而是自然连贯、有效结合在一起的。运动员只有正确掌握了它们，才能获得优异的成绩。虽然短距离跑步在数秒钟就能完成，但在它背后凝结着运动员无数日夜的辛苦付出，运动员在日常训练中，针对不同的错误动作要有相应的纠错方法，具体如下：

蹲踞式起跑的错误方法：练习者在“预备”姿势中没有调整好重心的位置，导致臀部下压。纠错方法：做起跑动作的分解练习，控制好重心位置，也可以两个练习者互相纠正错误动作。

蹲踞式起跑时抢跑。抢跑是短跑比赛中常出现的错误之一，造成抢跑的原因很多，包括过度紧张，技术掌握不熟练等。纠错方法：牢记起跑的动作要领，克服紧张情绪，适当开展心理教育；预备时，注意控制臀部动作，抬起切忌过猛，反复练习正确动作；调整起步器，使之处于最合适的位置；对身体各部位进行有针对性的训练，比如腿部、腰腹部等；重点训练听信号起跑的能力。

做预备动作时，后腿过于直挺。纠错方法：正确掌握动作要领，两只脚之间的距离应适中，并不断重复预备姿势的练习。

起跑时，后蹬腿出现无力现象。纠错方法：不断重复预备姿势的练习，锻炼手臂和腿部力量，起跑的瞬间，脚必须压紧起跑器后壁。

起跑时第一步出现停顿现象，造成二次起跑。纠错方法：用线画出第一步的正确落点，掌握前脚掌扒地动作，背绳带负重做起跑练习。

蹬离起跑器时，上肢与下肢配合不协调，同时向后或向前摆动。纠错方法：正确掌握摆臂技术，反复进行起跑时的上、下肢配合练习。

练习者在起跑以后，上半身抬起过早。纠错方法：调整起跑器角度；前移重心，注意起跑后的身体前倾；通过斜杆等辅

短跑起跑训练

短跑起跑训练

助物限制上半身在起跑时抬起过早。

起跑后步幅过大、步频过慢。纠错方法：在起跑后的前几步，设标志线限制步幅；强化摆动手臂的练习，比如进行下坡跑等。

急跑时前几步身体不稳。纠错方法：集中注意力，视线稳定；做上坡跑练习，注意强弱腿力量分配。

途中跑大腿动作不正确，出现前摆高度不标准或方向不准确现象。纠错方法：正确掌握大腿前摆的技术要点；上半身向前倾不超过 10 度。采用行进间上坡跑、蛙跳等练习。

后蹬跑不充分，出现坐跑姿势。纠错方法：正确掌握后蹬动作技术要点；强化腰背肌练习、腿部力量和髋关节灵活性练习；在动作过程中，认真体会后蹬动作；反复做送髋练习。

踝关节紧张，脚落地制动。纠错方法：原地进行大腿下压练习，注意脚掌动作，做小步跑练习，体会膝、踝关节放松技术；强化踝关节练习，特别要针对其柔韧性进行训练。

大腿抬起高度不够，腿部摆动时挺直。纠错方法：大腿应抬高，并积极下压；正确掌握蹬摆结合技术；练习者需反复做原地高抬腿练习。

向前踢小腿跑。纠错方法：多做针对膝、踝关节的放松跑，比如小步跑等；强化高抬腿跑练习，比如做上坡跑训练。

身体重心移动轨迹呈曲线或“外八字”。纠错方法：强化下肢对称练习，练习者跑动时注意视线固定，反复进行纠正“八字脚”训练。

短跑起跑训练

摆臂不放松，姿势不标准。纠错方法：反复进行摆臂练习，可徒手，也可持轻机械；正确掌握摆臂技术；放松跑，强化肩关节的灵活性和柔韧性。

终点冲刺时上半身向后仰。纠错方法：正确掌握跑姿，加大摆大臂特别是向后摆臂的力量和幅度；反复进行增强腰肌、腹肌的训练。

接近终点时，速度减慢。纠错方法：正确掌握终点冲刺跑的技术概念，加强注意力集中的训练。

撞线时出现跳起和挺肚现象。纠错方法：正确掌握撞线技术，反复进行撞线训练；结合各种速度练习撞线动作。

短跑冲刺

上半身过于前倾，后蹬不充分，造成屈髋后坐跑。纠错方法：保持上半身垂直状态，前摆摆腿带髋。

弯道起跑时，加速不明显。纠错方法：调整起跑器；起跑时注意左手置于起跑线后的正确位置，使身体正对弯道的切点；起跑后沿直线跑动；起跑后控制好身体抬起时间，以便快速进入弯道跑。

弯道跑时身体内倾不够或未内倾。纠错方法：正确掌握技术要领，动作尽量放松；反复进行弯道跑训练。

短跑弯道跑训练

二、中长跑训练

提高高速跑及冲刺跑能力的训练手段

无论短跑还是中长跑，速度素质对于运动员综合素质的提高非常重要。在中长跑中，高水平的高速跑能力和冲刺跑能力将直接影响运动员的最终成绩。因此，运动员必须高度重视速度能力训练。

重复跑练习

随着科技与运动素质的不断提高，运动员的中长跑成绩也较从前有了明显的进步，运动中肌肉的工作时间随之减少，但在单位时间内，肌肉的工作强度反而增大许多，这种现象的出现意味着运动能量供应必须加大，以适应肌肉工作需要，运动员若想提高成绩，就必须减小有氧供能的比例，而发展无氧供能能力。

从运动生理学上分析，人在进行快速跑时，特别是跑至400米的段落后，体内血乳酸含量将明显上升。加速跑时，大量乳酸堆积，导致机体内的碱贮备被严重破坏，随之而来的是人体兴奋性及各种生理机能紊乱，造成酸中毒。酸中毒的具体表现为呼吸急促，两腿酸沉。若在日常训练中不注重耐酸能力的训练，那么运动员在赛跑竞技中将无法取得优异的成绩。

针对上述情况，运动员可以采用重复跑练习，跑动距离以短于专项距离为宜。如：800 米，运动员可以做 600 米以内的重复跑练习；1500 米，运动员可以做 700 米以上、1200 米以内的重复跑练习；3000 米，运动员可以做 1000 米以上、2000 米以内的重复跑练习；5000 米，运动员可以做 1000 米以上、4000 米以内的重复跑练习；10000 米，运动员可以做 1000 米以上、6000 米以内的重复跑练习。每组 5 次左右，速度要高于比赛速度，间歇时间要短。根据自身情况，运动员也可以选择长于专项距离的训练，但超过的距离不能过长，如：800 米，运动员可以做 1000 米以上、1200 米以内的重复练习；1500 米，运动员可以做 1600 米以上、2000 米以内的重复练习；3000 米，运动员可以做 3200 米以上、3600 米以内的重复练习。大于 3000 米，通常情况下，不做长于专项距离的重复跑练习。

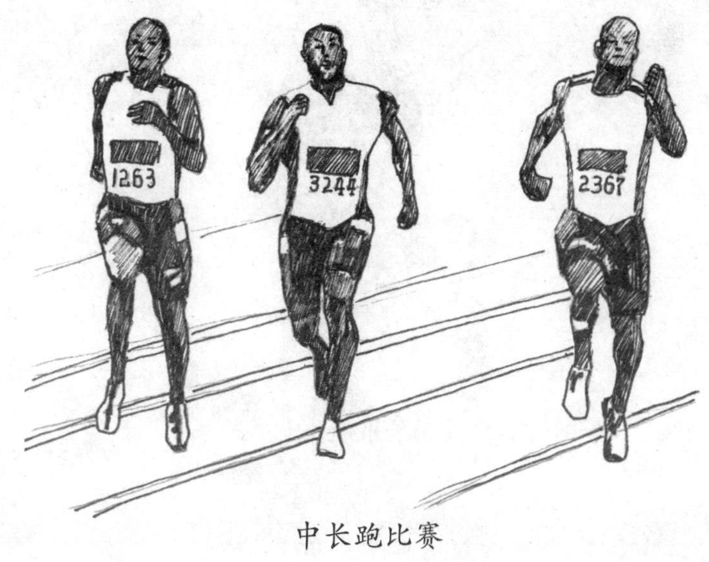

中长跑比赛

变速跑练习

运动员可以采用变速跑练习以增强身体的耐酸能力，通常情况下，快跑的段落要控制在400米以上、1000米以内。变速次数可根据实际情况而定，比如个人的身体素质、完成任务等。训练次数控制在5次以上。快跑段落的总距离可以超过专项比赛，但不宜超过太多，如：800米，运动员可做3400米以上、4000米以内的变速跑练习；1500米，运动员可以做4500米以上、6000米以内的变速跑练习；3000米，运动员可以做6000米以上、9000米以内的变速跑练习。

变速跑训练

短跑能力训练

运动员做60米大幅度快跑，练习3组左右，每跑完一组慢跑返回。运动员做60米加速跑，练习3组左右，跑至10米左右，将速度调整至最高，每跑完一组，慢跑返回。运动员做60米高抬腿跑练习，也可以从30米开始，慢慢增加至60米，练习3组左右，每跑完一组，慢跑返回。运动员做60米跳跃快速跑，练习3组左右，每跑完一组，慢跑返回。运动员做60米变速跑，这一过程中，前20米为跳跃，中间20米做慢跑，最后20米再跳跃，练习3组左右，每跑完一组，慢跑返回。运动员做60米起跑快速跑练习，练习3组左右，每跑完一组，慢跑返回。

提高速度力量训练手段

在中长跑中，速度决定一切，拥有超群的跑速定会取得优异成绩。因此，运动员需要进行大量的速度力量训练。

循环速度力量训练和超等长速度力量训练是当前中长跑运动员普遍运用的训练方法。其特点是多变性，能减轻运动员重复进行相同练习时出现的体力和精神消耗。

在循环速度力量训练中，练习者身体的各部位会按着一定的次序得到刺激，直至整个身体。与此同时，练习者的心率始终保持在高水平上，由于各部位依次受到刺激，所以延缓了疲惫感的出现。这样，练习者可以较长时间处于训练当中，获得最大限度的有氧训练效益。其具体方法是：从俯卧撑

开始，接着是仰卧起坐、纵向劈腿、双杠双臂屈伸、屈膝举腿、引体向上、直坐高抬腿、腿外展、腿内收、爬绳、直角坐撑、挂臂悬垂等。

在现代中长跑训练中，超等长速度力量训练被广泛使用，它可以使运动员获得适宜的肌肉力量发展。其具体训练方法是：从高抬腿跑开始，接着是踢臀跑、跨步跑、单足跳、单足或双足足尖上跳、膝触胸双足跳、跳起转体 180 度、蛙跳、双足跳绳等。

柔韧性练习

柔韧性对中长跑运动员来说是一项必备的运动素质，它对于发挥速度、速度耐力和速度力量水平至关重要。一个具有柔韧性的中长跑运动员，可以有效控制动作幅度、提高移动速度、协调神经肌肉。实践证明，运动员关节部位的柔韧性越好，其周围骨肉弹性和力量能力就越强，从而使力量得到加强，提高力量储备。

有人曾经做过这样的实验，在参加 5000 米跑的运动员中抽出部分人进行静力性伸展训练，在此过程中，教练制定了科学的训练方案，并严格执行，训练时间 2 个月。而另一部分运动员则只进行一般性专项训练，不包括任何柔韧性练习。一段时间以后，接受特殊训练的运动员，柔韧性提高 30% 左右，专项运动成绩平均提高约 1 分钟，而未进行训练的运动员，其柔韧性、快速杠铃半蹲和专项运动能力没有明显提高。这一结果证明好的柔韧性能够使肌肉充分利用速度力量的能量，使运动员的运动综合素质得以全面提高。

沙地跑训练

沙地跑是一个较为科学的速度力量训练方法，世界上许多优秀的中长跑运动员都曾进行大量的沙地跑训练，如男子1500米赛跑冠军埃利奥特。事实证明，在沙地跑的训练中，运动员的心血管系统和肌肉系统会得到充分的锻炼，其特点是练习者会在一个低速环境中实现训练目的。沙地跑不需要通过大量的练习就能取得较明显的效果。另外，由于沙地跑的运动环境比较安全，所以能够大大降低练习者受伤的可能。

中长跑训练

中长跑应具备的专项素质及其发展方法

一般耐力训练。千里之行，始于足下。运动员若想在中长跑专项训练中快速提升成绩，就要从一般耐力训练开始，无论加强呼吸系统能力的锻炼，还是提高心血管系统的工作能力，一般耐力训练是最佳的选择。

在全年训练中，教练可根据练习者的自身情况以及不同的任务制订科学的训练计划，一般耐力训练的准备期占整个训练期较大的比重，比赛临近和比赛进行中，也应有相应的训练安排。一般耐力训练是一个循序渐进、日积月累的过程，它通过强度小、时间长的越野跑、骑自行车、游泳等练习来进行，在此过程中，可根据实际情况不断加大强度。

专项耐力训练。中长跑运动员的专项耐力就是速度耐力。发展中长跑运动员的专项耐力应根据任务的不同，在全年训练中，制订科学的训练计划。通常情况下，做专项耐力训练时多采用间歇跑、重复跑、变速跑、专项检查跑、比赛等方式。

间歇跑时，练习者的心率需保持在一定的水平，通常情况下，将其控制在每分钟120~180次，此时，人体的心输出量处于最佳水平。练习者在间歇时间，机体肌肉得到充分休息的同时心脏仍处于较高的活动水平上，大大有利于心脏功能的增强。通常情况下，间歇跑的跑动距离在200米以上、600米以内，这种方式在专项耐力训练的准备期较常采用。重复跑时，练习者可反复跑几个固定段落，然后再进行较长时间的休息。跑动距离及重复次数等没有严格要求，可根据具体训练任务而定。重复跑的参考距离有：100 米以上、300 米以下，400 米以上、600 米以下；1000 米以上、1600 米以下，2000 米以上、4000 米以下，8000 米。

练习者在重复跑训练中跑动距离少于专项比赛距离时，应使速度相应地提高，与此同时，与专项比赛等距离的重复跑训练无须继续进行。运动员在比赛期间，多采用重复跑训练，以提高竞技状态和比赛能力。

速度训练。前面已经多次重申速度对于中长跑运动的重要性，在中长跑中，运动员可根据自身情况及比赛项目的特点而制定速度训练方案。通常情况下，参加中跑比赛的运动员常以 100 米成绩衡量速度；参加长跑比赛的运动员常以 400 米成绩来衡量速度。特别是对于青少年中长跑练习者来说，发展速度训练尤为重要。

发展速度训练的内容包括：加速跑，短距离反复跑，行进间跑，下坡跑，顺风跑等。

中长跑的战术训练

对于中长跑运动员来说，掌握个人技能非常重要，它是运动员迈向成功的第一步，而比赛战术则是另一个需要掌握的内容。在水平接近或相同条件下，正确运用战术是取胜的关键。比赛时，运动员需从实际情况出发，灵活运用战术方案，其需要考虑的因素包括：对手实力与特点，场地、气候等。虽然战术运用灵活多变，但在日常训练中，运动员需针对各种情况进行有计划的战术练习，与此同时，还要经过多次实践检验，只有如此，才能在关键时刻做出正确的战术选择。

匀速跑

在现代中长跑训练中，匀速跑被广泛地应用于中长跑体力分配上。练习者在进行匀速跑时，跑动和呼吸的节奏都处于较稳定状态，这样一来，机体对氧气量的需求与供应就达到了一个平衡点，使练习者能够处于良好的运动状态之中。

中长跑训练

跟随跑

跟随跑是较常出现的战术之一，它是运动员跟在领跑者的后面跑，跟随跑的好处是可以节省能量，保存实力，以便在最后的冲刺跑中做出出色的表现。需要注意的是，采用这种战术的前提是自己具有超过对手的速度和快速冲刺的能力。

领先跑

领先跑战术适用于实力较弱的中长跑运动员。比赛时，运动员可根据自身情况，将比赛全程做一个分段式的、系统的划分，按自己的计划控制跑动速度和节奏。在跑动过程中，将计时显示的时间与自己设定的时间进行比较，从而调整速度，争取在中途超越对手。

变速跑

变速跑战术，对于运动员各方面的综合能力要求较高。这种战术是对运动员速度和耐力的考验，能量消耗大，比赛难度大。运用变速跑战术时，运动员用改变跑动的速度以及随时随地的加速来破坏对手的节奏和心理状态，打乱对方的战术计划，为其制造紧张，选用此战术的风险性比较大，可能对自己的成绩也会造成一定的影响。

在实际应用中，无论运动员采用哪一种战术进行比赛，其首要条件就是保持清醒的头脑和准确的判断，掌握主动权；与此同时，还要根据个人的实际情况，灵活运用战术。运动

员在日常战术训练中，尽量在较困难的条件下进行，因为战术运用本身就是一种意志力的考验，运动员需清楚地认识到这一点。与此同时，加强速度感和跑步节奏的培养，以便运动员在比赛中掌握速度和节奏。另外，运动员通过反复练习和实践检验后，须不断总结经验吸取教训，以提高战术水平。

中长跑的长期训练

基础训练阶段：年龄在 13~16 岁。

训练任务：这一阶段，首先要培养初学者对该项目的兴趣，帮助他们了解在中长跑中可以学到哪些知识以及培养怎样的意志品质。由于青少年正处于身心发展的关键时期，所以全面发展身体素质应放在第一位，教练应根据他们各自的特点，评价各自的潜在能力，初步确定每个人的专项。

中长跑比赛

训练内容应包括一定的趣味性，比如体育游戏或进行其他一些体育项目等。

初级训练阶段：年龄在 17~19 岁。

训练任务：这一阶段，依然要培养青少年的事业心和意志品质，此时的青少年正处于身体成长关键期，所以提高身体素质水平还需放在首位，着重发展一般耐力，逐步提高速度耐力水平；开始进行专项训练，根据个人的实际情况，教练确定每个学员的专项。

训练内容：这一阶段，青少年由提高身体综合素质慢慢变为以专项训练为主；强化保持接近临界速度的能力，特别是对动作速率和“高频跑”技术进行全面了解和掌握，在保证速率的同时，逐渐加大步幅。

专项提高训练阶段：年龄在 20~23 岁。

训练任务：继续培养青少年的事业心和坚强意志品质，着重培养勇攀高峰的精神；不断提高专项能力，保持身体素质训练水平；逐步完善技术、战术，进一步加强心理训练；培养独立训练和独立参加比赛的能力。

训练内容：在强化专项训练过程中，仍需注意全面身体素质训练的跟进，采取必要的心理训练。

高级专项训练阶段：年龄在 24 岁及以上。

训练任务：确定实际目标，大强度、大密度地训练；熟练地运用战术，经济实效地进行技术训练，力争达到高水平；形成自己的技术风格及良好的竞技状态，在重大比赛中获得较更高名次的成绩。

训练内容：要以专项训练为主，在技术上，通过自身努力，形成独特的技术风格，并针对个人特点采用不同的心理训练。

第三节 提高大学生中长跑能力

中长跑体育项目一直是大学体育课的重要学习内容，中长跑不仅能够全面提高青少年的身体素质，还有利于培养其吃苦耐劳、敢于拼搏的优秀品质，对青少年身心健康发展有着十分重要的意义。由于中长跑对人的身体素质及运动素质要求比较高,所以很多大学生的中长跑考试成绩并不理想。那么,怎样解决这一问题呢？关键人物就是大学体育教师，他们唯有运用科学的方法和正确的教学手段，将运动中的趣味性糅合其中，激发大学生的体育训练热情，使之由被动地学习到主动地喜爱体育运动，这才是真正解决这一问题的关键。

一、中长跑速度和耐力训练

从生理学上讲，中长跑中速度耐力的供应主要来源于磷酸原系统以及肌糖原进行无氧酵解供能，而无氧供能系统能力的提高，对于中长跑运动来说则是重中之重。这种训练被称为无氧训练，它包括重复训练法和间歇训练法。重复训练法是指反复多次进行同一练习，在各次重复练习之间安排一些间歇时间。间歇训练法是对每次练习的指标做出明确的规定，并对间歇时间有严格的要求，其特点是不等各器官功能完全恢复就开始下一次练习，此方法可有效提高抗疲劳能力。

中长跑训练

二、发展耐力素质方法分析

在大学中长跑教学中，发展耐力素质的重点应放在发展有氧耐力的专门训练上，上课时可安排长距离的持续匀速跑和长段落的间歇训练。耐力训练中，要根据学生自身的特点，选择合适的强度。另外在此训练中，要严格控制学生的心率水平，一般可使心率升高到本人最高心率的85%以上、90%以下。

由于中长跑训练需要经过一个比较长的学习和训练过程，所以跑步者的心脏容积会慢慢增大。长期参加中长跑训练的大学生，心搏迟缓，脉搏输出量大，肺功能、肺容积也大于未进行中长跑的同龄人。大学生通过长时间的中长跑训练，可以使最大吸氧量的百分利用率明显地提高。

中长跑运动的特点是持续时间长，运动强度适中，在单位时间内，能量消耗量不太大，所需能量在很大程度上来自有氧代谢。人体有氧代谢能力高，耐久跑的能力就越强。所以在日常训练中，教师应使学生清楚地认识到这一点。前人的实验已经证明，随着训练时间的增长，练习者动用脂肪供能的能力也会随之慢慢提高。

中长跑训练有利于改善神经系统调节功能，可以使肌肉活动节律化，节省神经劳动；与此同时，还可提高各功能中枢间的协调关系，具体表现在各运动中枢的兴奋和抑制更为集中。各肌肉之间的协调配合更加趋于完善，肌肉收缩与放松的节奏更为明显，练习者在跑动的过程中，基本没有多余动作出现，更为节省能量。另外，中长跑还可以使吸氧与需氧量能达到相对平衡，使人能够长时间处于运动状态，而不至于使人过早地达到机体承受负荷状况。

最后冲刺

三、中长跑技术动作

中长跑技术动作由三部分组成，即起跑、途中跑和冲刺。800米以上（含800米）的赛跑项目，起跑采用站立式。运动员听到“各就位”的鸣枪，就应该出发。起跑动作中，两只脚向后用力蹬地，后腿积极前摆，两臂配合两腿的运动向前冲出。在日常教学中，教师要将起跑动作要领讲解清楚，并结合示范动作演示给大学生看，让大学生清楚明白，然后再让大学生练习，通过实践，找出动作规范的学生进行示范，从而强化学生技术动作的概念。

途中跑技术是中长跑技术的重点部分，正确的途中跑技术不仅能够节省体力，还能更好地发挥人体的潜能。它的动作要点是：身体的前倾角度、摆臂摆腿的幅度和后蹬的力量都比短跑小，但是后蹬的角度要求较大，约为55度。

大学生在跑动过程中，动作以轻快、均匀为主；与此同时，根据自身的具体情况，调整呼吸，比如“三步一呼气、三步一吸气”等。大学生在中长跑过程中，呼气时，要求张开嘴，以增大呼吸量，深呼吸，更多更快地进行气体交换；在跑弯道时，身体需向左倾，右臂摆幅应大于左臂，左脚用外侧、右脚用内侧落地。

四、如何克服“极点”现象和争取“第二次呼吸”

在接受中长跑训练时，大学生可能不同程度地出现身体不适现象，比如胸闷、呼吸困难、心率急增、肌肉酸软无力、动作迟缓不协调、精神低落、眼睛冒“星星”等，这种状态被称为“极点”。出现“极点”以后，教师应让大学生知道，只要依靠意志坚持下去，稍微减缓跑速，这种难受的感觉不久就会减轻或消失。

教师必须具有一定的耐心，给大学生以正确的引导和辅导，告诉大学生，“极点”过后，动作将逐渐变得轻松有力、呼吸均匀自如、心率较慢，这时候就出现了“第二次呼吸”。“极点”和“第二次呼吸”，可以当作衡量中长跑耐久能力的一项技术指标。实践证明，“极点”现象出现得越早的同学，其中长跑水平能力就越低，相反则中长跑能力就越强。经过一段时间训练后，大学生“极点”现象的出现会越来越晚，其运动素质也随之得到明显提高。

第二章

障碍跑

障碍跑

第一节 障碍跑运动训练

在 3000 米障碍跑中，熟练掌握跨越障碍栏架和水池的技术非常重要。

因此在日常训练中，提高平跑能力应作为该项目的重点训练内容。

一、3000 米障碍跑技术训练

该项目的技术训练主要由两部分组成，即平跑技术训练、跨越障碍栏架和水池的技术训练。在平跑技术训练中，不仅应使运动员掌握合理和省力的中长跑技术，还应培养运动员的速度感和节奏感。这方面在中长跑技术训练中已做详细论述，此处不再赘述。下面，我们将着重阐述跨越障碍栏架和水池的技术训练。

跨越障碍栏架和水池技术训练的主要任务是：帮助运动员掌握和不断完善跨越障碍栏架和水池的技术，并逐渐达到熟练和自动化。运动员在跨越障碍栏架和水池时，应尽可能做到减少跨越障碍栏架和水池的速度损失，使跑速不下降，而且应尽量减少体力的消耗。另外，还应注意培养运动员的目测判断能力和应变能力，使运动员不论在何种复杂条件下，均能用任何一条腿任意起跨越过障碍栏架和水池。

跨越障碍栏架和水池的技术训练通常可采用以下手段：

通过跨栏跑和跳远腾空步的一些专业性练习，掌握、改进和提高跨越障碍栏架和水池的关键环节技术。

通过跨越 0.914 米高的栏架或障碍栏架的练习，掌握、改进和提高跨越障碍栏架的技术。

将一个约 0.914 米高的跳箱放在沙坑旁，以沙坑代替水池，并画上 3.66 米的标志线。通过先跑 10~15 米踏上跳箱，再由跳箱跨向沙坑 3.66 米标志线的练习，来掌握、改进和提高跨越水池的技术。

通过中速跑方式在 200 米内跨越距离不等的三四个 0.914 米高的栏架的练习，培养运动员的目测判断和及时调整步伐跨越障碍的能力。

通过在 3000 米障碍跑场地上跑一圈跨过 5 个障碍的分段跑练习，进一步把握、改进和提高跨越障碍栏架和水池技术，培养平跑与跨越障碍结合能力和专项的速度感与节奏感。3000 米障碍跑的技术训练，在准备期和比赛期均应安排。在准备期以掌握、改进和提高单个跨越障碍栏架和水池技术为主，后期可与平跑相结合，在 3000 米障碍跑的场地上掌握连续跨越多个障碍的技术。比赛期，以掌握、改进和提高在 3000 米障碍跑场地上连续跨越多个障碍的技术为主，并培养运动员具有良好的专项速度感和节奏感。

障碍跑跨栏

二、3000 米障碍跑素质训练

3000 米障碍跑的素质训练与中长跑和跨栏跑项目有很多相似之处，主要应突出耐力、速度、力量等专项素质的训练。

耐力素质训练

3000 米障碍跑的耐力训练包括一般耐力训练和专项耐力训练两种。

障碍跑耐力训练

障碍跑栏架

一般耐力训练

一般耐力训练主要是为了增强运动员内脏器官功能，提高其跑步能力和人体有氧代谢的能力，为专项耐力打下坚实的基础。发展一般耐力主要通过时间长、强度不大的持续跑练习，跑时心率控制在 150 次 / 分左右，速度约 1 千米 / 4 分，跑步距离由每次跑 5000 米左右逐渐增加到每次跑 15000 米左右。

专项耐力训练

专项耐力是 3000 米障碍跑运动员最重要、最关键的身体素质，它对于提高 3000 米障碍跑的运动成绩至关重要。发展专项耐力，除了采用中长跑运动员训练经常采用的强度较大的重复跑、间歇跑以及“法特莱克”跑等以外，还可以在

3000 米障碍场地上做 1 ~ 3 圈的重复跑和间歇跑来发展 3000 米障碍跑运动员的专项耐力。

3000 米障碍跑的耐力训练，在全年训练的准备期，应以发展一般耐力为主，进入春季训练阶段，应逐渐增加专项耐力训练的比重；比赛期，则主要应抓好发展专项耐力的训练。

速度素质训练

速度素质同样应成为 3000 米障碍跑运动员的专项身体素质，假如一个 3000 米障碍跑运动员的 100 米平跑成绩仅为 13 秒左右,那么他的3000米障碍跑就很难达到理想的成绩。因此，要十分重视 3000 米障碍跑运动员的速度素质训练。

3000 米障碍跑运动员所需要的速度，主要是平跑的位移速度。可以采用发展短跑运动员位移速度所采用的重复跑方式进行练习，其特点是步长短，速度快，每次跑动之间的间歇时间可参照短跑练习时的基本要求。发展速度素质的训练，要安排在精力较充沛的情况下进行，一次训练课中的速度训练，通常安排在准备活动之后进行。

3000 米障碍跑的速度训练，主要安排在全年训练的准备期进行。比赛期内，虽然由于专项训练内容的增加而速度训练有所减少，但仍然需要注意保持一定的发展速度的训练量。

力量素质训练

3000 米障碍跑运动员所需的力量有两种，一种是跨越障碍栏架和水池所需的快速力量，另一种是保持 3000 米距离持续跑所需要的力量耐力。发展快速力量主要采用短跑、跨栏运动员发展快速力量所采用的各种练习，如大强度的单足跳、跨步跳、蛙跳、跳深以及大重量的挺举、抓举、负重蹲跳等练习。发展力量耐力主要采用强度较小、持续时间较长的小跳、跨步跳以及负轻重量跳、举杠铃和持哑铃摆臂等。3000 米障碍跑的力量训练，主要安排在全年训练的准备期进行。力量训练中所采用的运动负荷，应根据不同运动员的力量基础、承受负荷的能力而定。

障碍跑力量素质训练

三、3000 米障碍跑赛前训练与比赛

3000 米障碍跑的赛前训练与比赛，与中长距离跑项目有很多相似之处，下面我们简要阐述其主要特点。

3000 米障碍跑赛前训练的任务主要是使运动员达到最高的训练水平并进入比赛状态。为此，要加强运动员专项耐力的训练，完善其跨越障碍栏架和水池的技术，进一步培养速度感和形成适合个人特点的跑动节奏，精通 3000 米障碍跑的比赛战术，以及加强参加比赛所需的心理品质培养等。

安排和调整好运动负荷，在 3000 米障碍跑赛前训练中至关重要。这个时期，运动负荷安排的特点是负荷量不断下降而负荷强度不断增加。负荷量下降主要是发展一般耐力跑的量能下降，强度不大的中速跑在此期间只作为保持一般耐力水平和休息调整的手段来采用。强度增加则主要体现在提高专项耐力的训练上，强度很大的间歇跑和重复跑，是 3000 米障碍跑赛前训练的主要内容。

赛前 2 周左右，运动员应进入赛前调整阶段。这个时期应进一步减少负荷量，并根据参赛运动员的情况制定自己的战术方案。赛前五六天进行一次大强度的训练后，运动员应进入积极性的休息并熟悉比赛场地阶段，以便使其以充沛的体力和跃跃欲试的心理状态投入比赛。

四、障碍跑训练方案

教学目的：通过障碍跑训练增强练习者的奔跑、跳跃、攀越、支撑、平衡等基本技能，提高其力量、速度、技巧、耐力、灵敏等身体素质，培养其顽强的拼搏精神。

训练内容：身体素质训练包括力量、速度、耐力、灵敏、柔韧性等项目。

练习者通过单个障碍动作来进行训练。

例如：开展 100 米障碍全程跑。

说明：将 100 米障碍跑作为主要项目，进行测试，以便教师制定评分标准。

障碍跑训练

身体素质训练

教学目的：提高练习者的身体素质和运动素质，比如速度、耐力、柔韧性等。

训练方法：采用所有练习者集体训练的方式。100 米障碍跑，对技术和身体素质的要求非常高，单个障碍训练中身体素质训练应占每课时的一半。

训练内容：教师根据练习者的身体素质情况，具体安排训练项目。

通过障碍的动作

教学目的：使练习者学会通过障碍的动作及训练方法。

教学内容：根据学校实际情况，可在障碍跑往返 100 米跑道内设置不同障碍物。障碍物包括：墙、高架平梯、独木桥、高墙、高架链梯等。

通过单个障碍动作

跳跃矮墙

方法之一：一只手和一只脚支撑跳跃。练习者跑至距离矮墙约 1 米的地方，一只脚蹬地，完成起跳动作，跃上矮墙；与此同时，起跳腿的同侧手支撑于矮墙上缘，另一腿向侧上方摆，并以前脚掌支撑于矮墙上缘，身体重心主要集中于支撑臂上。随着起跳腿迅速上提收于胯下，并越过矮墙着地。此时，支撑手推墙，支撑腿前摆，触地，继续向前跑。

方法之二：踏蹬跳跃矮墙。练习者跑至矮墙前约 1 米处，一只脚蹬地，完成起跳动作，身体向前上方跃起，另一只脚的前脚掌蹬踏矮墙上缘，上半身向前倾，控制身体重心，使之降低，蹬地脚快速向上提起，并越过矮墙，触地，另一脚蹬离矮墙，继续向前跑动。

高板跳台

高板跳台由攀上高板和跳下高低跳台两部分组成。

攀上高板

方法之一：挂臂式攀上。运动员跑向高板，在距之约 50 厘米处，一只脚蹬向地面，完成起跳动作，身体向上跃起，

高板跳台训练

与脚同侧的手向前伸出，并攀住高板上缘远端，另一只手撑于高板后上缘，随即另一腿屈膝上摆，用脚后跟或小腿挂在高板上缘，身体借手臂和腿的力量而翻上高板面，接着一只手和异侧脚撑起身体，起跳腿快速上提踏于板面上。

方法之二：立臂撑上。练习者跑至高板，在距之约40厘米处，两只脚发力，蹬向地面，完成起跳动作，使身体向上跃起；同时，双臂或双手挂撑在高板上缘，借身体向上的惯性和两臂撑力，将身体撑上高板，随即一腿屈膝从体侧提起，踏上高板，此时的状态变为一只手和一只脚支撑着身体的重量。

跳下高低跳台

练习者的一只手和异侧腿撑起身体，上半身呈前倾状态，一条腿向前下迈步，脚掌踏在高台中部，另一腿向前下迈步，脚掌踏于低台中部，控制身体重心，当重心移过支撑点时，踏于高台的腿立刻前迈并着地缓冲。与此同时，练习者上半身向前倾，踏于低台的脚完成向前迈步跑动的动作。

高架平梯

练习者跑至平梯前约30厘米处，完成向上跳跃的动作，双手抓住平梯的第一节，在惯性的作用下，双手交替向前，通过高架平梯。

独木桥

练习者跑到斜板前约30厘米处，一只脚进行蹬地，接着，

障碍跑训练

身体向前上方跃起，另一只脚以前脚掌踏蹬斜板中上部，蹬地脚快速踏上桥面。通过时，练习者的上半身微微向前倾，控制身体重心，使之降低，眼睛向前看，双腿稍屈，双臂自然张开，身体放松且保持平衡。来到桥端时，练习者一只脚向前下方进行摆动，触地，另一脚从桥端或两侧下桥，向前方跑动。

攀越高墙

练习者跑向高墙，在约高墙 1 米处，一只脚发力，完成跳起动作，另一腿屈膝上抬，以前脚掌向前下猛蹬墙的中部，借向上的冲力两手攀住高墙上缘，使身体撑上高墙；与此同时，起跳腿的膝部弯曲，并向上抬起，挂于高墙上缘，身体快速向上翻，此时与起跳相对一侧的手进行换握，同侧臂发力，推墙，身体转向前进方向，前脚触地，完成缓冲，后脚快速向前方迈出，继续跑动。

一只手和一只脚完成支撑动作，攀越，向高墙跑去，当距离高墙约 1 米时，一只脚发力，起跳，另一条腿的膝部弯曲，向上抬之前，脚掌向前下方发力，猛蹬墙中部，身体随之向前上方跃起，双手攀撑于高墙上缘，起跳腿的膝部弯曲，并向上摆动，身体被支撑于高墙上缘；蹬墙腿的膝部进行弯曲，并上提收于支撑腿胯下，越过高墙，向前方伸出，手部发力，推高墙，身体从上跳下，落地时，双腿前后分开，膝部弯曲，进行缓冲，后腿向前迈进，继续跑动。

匍匐通过底桩网

练习者跑向底桩网，并在距底桩网约 1.5 米处向前跨一步，与此同时，膝部和腰弯曲，上半身向前下俯冲两臂前伸，手掌着地，借两脚蹬力钻入网内。前进时，两只手和两只脚触地，以右手扒、左脚蹬和左手扒、右脚蹬的合力交替爬行，出网时，双臂将上半身撑起，一只脚立刻向前迈，继续跑动。

高架链梯

运动员向高架链梯跑，将手臂伸出，抓住链梯的高端，然后脚部向上方蹬动，开始向上爬，完成动作时，右腿进行蹬地，左手向上爬，而后，左腿再蹬，右手向上爬。练习者爬到链梯的上面后，再从另一侧向下爬，在靠近地面时，向下跳并缓冲，接着，继续跑动。

穿越障碍物

身体向前跑至障碍物处，采取侧身穿越，胳膊屈臂护于胸前，左右穿梭。

单杠卷身上

练习者跑向单杠，在距之约 20 厘米处，向上跳起，两只手紧紧握住单杠，利用惯性，屈臂上拉身体，与此同时，双腿向上完成摆动动作，身体上卷重心过杠后，屈臂收腹下跳，屈膝缓冲，继续前跑。

跨越洞孔

练习者跑向洞孔，在距之约 30 厘米处，左腿膝部弯曲，支撑身体，右腿上举前穿，身体向前方，腰部弯曲，头探出，腹部向右大腿贴近，右臂向前方伸出，使右脚、头部和双臂穿过洞孔，右脚触及地面以后，左脚立刻向上提起，并通过洞孔，继续前跑。

第三章

接力跑

接力跑

第一节　接力跑运动技术

本节，我们以 4×100 米接力跑为例，详细介绍接力跑运动技术。

接力跑的起跑

通常情况下，运动员以右手持棒，对于持棒的要求并不固定，可根据运动员的自身情况而定，以舒适为宜，除握棒手指外的其他手指均撑于起跑线后的跑道上。接力跑持棒方法有三种，一是运动员用中指、无名指和小指握棒；二是运动员用食指握棒；三是运动员用中指和无名指握棒。

持棒起跑

接力赛中的第一棒运动员以蹲踞式起跑，预备起跑时，接力棒必须离开地面，起跑技术与短跑基本相同。

接棒人起跑

接力赛中跑第二棒、第三棒和第四棒的运动员，采用半蹲踞式的起跑方式。

接棒人在未接到棒时，需站于预跑区正确的位置等候，且注意力应高度集中。

第二棒和第四棒接棒人在准确接棒时，应站于跑道的外侧，其准备姿势是右腿位于前方，右手稳稳撑地，身体重心集中于右脚上，头部向左转动，注视队友的跑动及起动标志线。

完成第三棒的运动员需站于跑道内侧，左侧腿位于前方，左手稳稳撑于地面，身体重心集中于左脚，头部向右侧转动，注意力集中，注视队友的跑动及起动标志线。

接力跑冲刺

传接棒的方法

下压式

接棒的运动员，手臂向后方伸出，与躯干形成一定的角度，该角度控制在55度左右。

接棒人的手腕向内旋转，掌心朝上，五指呈放松状态，自然张开，虎口朝后。

传棒人将棒的前部由上向下传到接棒人的手中。

采用这种方式进行传接棒，能够使每一棒次的接棒都能握住棒的一端，不用换手或倒棒。所以在许多大赛上，人们都能看到下压式的传接棒。但是有人认为，下压式传接棒存在很多不足，他们指出，运动员掌心朝上向后伸出的手臂抬起需一定的高度，这种姿势本身就存在一定的难度，使运动员处于不舒服的状态，它会引起上半身向前倾，从而大大降低启动的速度和传接棒效果；若接棒运动员的手臂抬起得较高，那么身体就很容易失去稳定性，不利于传接棒；传棒人一旦手臂前伸，就会降低跑速，对接棒人也会产生一定的负面影响。

上挑式

接棒人的手臂向后方伸出，呈自然放松状态，手臂与躯干形成一定的角度，该角度控制在45度左右。

接棒人的掌心朝向后方，五指自然分开，虎口朝下。

传棒人将棒由下向前上方送入接棒人的手中。采用此种方式进行传接棒，可降低接棒人预备姿势的难度。当然，它也存在不足，那就是接棒人握住棒的中间位置，不利于下一棒的传递，容易造成掉棒以及影响跑速。为了避免这一现象，运动员需在跑动的过程中进行换握棒手或倒棒。

混合式传接棒方式

既然下压式和上挑式都存在一定的优点和不足，那么，综合它们的优点，取长避短后，混合式传接棒方式就形成了。4×100 米接力跑多采用上挑式和下压式混合的传接棒方法。

第一棒运动员用右手持棒起跑，沿弯道的内侧跑动，在传棒给下一个队员时，采用上挑式。

第二棒运动员用左手接棒，沿着跑道外侧跑动，在传棒给下一个队员时，采用下压式。

第三棒运动员用右手接棒，沿弯道内侧跑动，在传棒给下一个队员时，采用上挑式。

无论采用何种方式进行传接棒，在交接动作过程中，运动员都应注意以下几个问题：

传接棒时，队员之间要形成一定的默契，这就要求在日常训练中反复进行，多沟通，多练习，才能使传接动作更加精确和快速。

在传接棒过程中，第一棒和第三棒队员需沿弯道内侧跑动，用右手将棒传给第二棒和第四棒队员的左手。

第二棒队员沿着跑道外侧跑动，用左手将棒传给第三棒队员的右手。

为了保证跑速，运动员在接棒时最好不要看接力棒。

传接棒的时机

在 4×100 米的接力赛中，运动员需在 20 米的接力区内完成传接棒的动作。传接的最佳时机是两个队员都处于高速跑动状态。通常情况下,传接棒时多发生在接力区前端大约 4.5 米的地方，此时传棒队员依然处于高速跑阶段，而接棒队员也完成了加速跑动作，开始高速跑。

标志线位于预跑线之后。标志线是接棒人开始起跑的标志。它的确定与传棒人的跑速、接棒人的跑速和传接棒技术的熟练程度密切相关。

另外，传接棒的最佳时机也受到交棒时两名队员之间距离的影响，这一距离也被称为“获益距离”，如果两名队员配合默契，那么能产生 2 米左右的获益距离。在 4×100 米接力跑中，3 个接力区能产生 6 米左右的获益距离。由此可见，它对于最终的比赛成绩是十分重要的。

传接棒技术各阶段

传接棒过程是从传棒队员跑进标志线开始，接棒队员起动加速起跑，到两人在接力区后半段，完成传接棒动作为止。它可分为预跑阶段、相对稳定高速阶段和传接棒阶段，其中以传接棒阶段最为重要。

预跑阶段

它是从传棒队员跑到起动标志线起，到接棒队员开始起跑为止。

任务

传棒队员保持高速度跑进标志线。

接棒队员判断准确，快速起动。

技术特点

传棒队员右手持棒沿弯道内侧或直道外侧跑动。

接棒队员站在跑道外侧或内侧，做半蹲踞式起跑姿势，目视传棒队员和起动标志线。

接力跑训练

相对稳定高速阶段

它是从接棒队员加速起，到传棒队员距离接棒队员两三米处为止。

任务

传棒队员继续保持高速度跑动，接棒队员起动后，迅速加速，尽快达到高速度。

在接力区后半段 14 ~ 16 米处，传、接棒队员两人相距两三米时，达到相对稳定的高速度跑动。

技术特点

传棒队员沿跑道内侧或外侧快速跑动，保持高速度，逐渐与接棒队员靠近。

接棒队员起动后，上体前倾，积极蹬摆，最大限度地加快跑速。

传接棒阶段

它是自传棒队员与接棒队员相距两三米起，至两名队员完成传接棒动作为止。

任务

快速、安全、精确地完成传接棒动作。

技术特点

传棒队员保持高速跑动，并准确及时地发出信号，将棒安全、顺利地在接力区内传给接棒队员。

接棒队员保持已发挥的高速度跑动，听到信号迅速向后伸臂接棒，伸臂动作要稳，手形正确。

4×100米接力各棒次队员安排原则

第一棒队员持棒跑107米左右，第一棒在接力跑中十分关键，所以要安排起跑技术好并善于跑弯道的队员。

第二棒队员持棒跑127米左右，此时，接力跑进入稳定期，应安排传接棒技术熟练的运动员。与此同时，运动员还应该有较好的速度耐力。

第三棒队员持棒跑127米左右，同时要安排传接棒技术熟练的运动员，并善于跑弯道。

第四棒队员持棒跑120米左右，这是比赛中的最后一棒，运动员要具有一定的冲刺能力，通常情况下，这一棒被安排于短跑成绩最好并拥有良好心理素质的队员。

接力跑起跑技术动作

持棒起跑

第一棒运动员以右手持棒，采用蹲踞式起跑，在准备动作中，接力棒不得触及地面。起跑技术与短跑基本相同，根据自身情况，有三种持棒方法，即右手的食指握住棒的后部，其他手指撑于地面；右手的中指、无名指握住棒的后部，其他手指撑于地面；右手的中指、无名指和小指握住棒的后部，其他手指撑于地面。

接棒人起跑

接棒人站在接力区后端线或者预跑线内，选定起跑位置，两脚前后开立，两腿膝部弯曲，上体前倾。接棒人应站在跑道外侧，左腿在前，右手撑地保持平衡，身体重心稍偏右边，头部左转，目视传棒人的跑进和自己起动的标志线。当传棒队员跑到标志线时，接棒队员便迅速起跑。

4×100 米接力跑起跑

由于接力跑免去了 3 个起跑和疾跑阶段，2 名队员是在跑动中完成传接棒，因此为使接力成绩优异，必须要求他们在高速中进行。但 20 米接力区使接棒队员难以达到较高的跑速。因此，接棒队员可在接棒前 10 米开始预跑，但传接棒任务仍需在 20 米接力区内完成。如果接棒人过早地完成传接棒任务，说明其未能充分利用这段距离，而是在不高速下接棒，势必影响接力跑成绩。但是，如果接棒人充分发挥了跑速而在规定的接棒区外接棒，虽然达到高速中传接棒的目的，却因此犯规以致前功尽弃。因此，如何能使传、接棒队员均在较高速度下完成传接棒，又能充分利用规则给予的合法起跑距离，是 4×100 米接力跑中传接棒技术的又一关键。一般来说，最佳接棒点应在离接力区前沿 3 米处，规则规定必须在预定的 20 米接力区内完成接棒任务。第二棒、第三棒、第四棒队员可从接力区 10 米以内的地方起跑。运动员虽手持接力棒跑完全程，如棒掉落，必须由掉棒的运动员拾起。

第二节　接力跑运动训练

接力跑训练方法

接力跑训练基本与短跑相同，除传接棒另有技能训练外，其他的训练均可按照短跑训练的安排。

接力跑的训练是短跑训练的一部分，接力跑的运动员基本都是短跑运动员，有时队员不足可由其他项目队员补充，最好都是短跑运动员，更有利于短跑训练，同时完成接力跑的训练任务。

接力跑训练有两个重点内容，一是跑速，二是传接棒技术。每名队员的单跑速度是提高接力跑成绩的基础，要花大力气去提高。熟练的传接棒技术，可以使 4×100 米接力跑的成绩比 4 名队员 100 米成绩的总和提高 2.5～3.0 秒；4×400 米接力跑可提高 4 秒左右。因此短跑训练中，要把提高跑速的训练和传接棒技术的训练结合起来，既能完成短跑的训练负荷，又能改进传接棒的技术。

在进行若干次 100 米跑训练时，可将其中两三次 100 米跑改为 4×100 米接力跑，训练负荷未变，又改进了传接棒技术，还能激发运动员训练的热情。

在进行加速跑、行进跑和起跑的训练时，也可在最后几次加上传接棒的动作。

在短跑训练过程中，应有计划地在训练课中专门进行接力跑的训练，也可安排在训练课结束之前进行。要经常进行全程接力跑，这样运动员才能使传接棒动作达到自动化，才能较准确地测定标志线，并在反复实践中进行校正。

接力跑的队员应当相对稳定，只有通过经常训练，才能使传接棒技术达到高度的准确性。

接力跑传接棒训练

接力跑训练的基本内容与方法

首先，开展提高接力跑队员绝对速度能力的训练。

其次，进行接力跑队员的持棒训练，培养队员持棒跑的习惯。可采用持棒加速跑 60 米，持棒行进间跑 30 米，持棒起跑 30 米，在持棒高速度跑中完成传接棒动作。

训练提示

注意持棒摆臂的动作，防止棒触及身体而影响跑速和掉棒。

注意提高持棒高速跑的能力，防止因持棒而降低跑速。

2 人或 4 人成组做快速传接棒练习，2 组或多组在竞争中进行传接棒练习，如 2×50 米或 4×50 米。

训练提示

要求队员一定要发挥出高速度，在高速度中传接棒。

不断校正标志线的距离，并且加大传接棒时 2 名队员间的距离。

各棒次配合练习

首先,开展前两棒队员的传接棒练习。以枪声为令,枪响后,第一棒队员迅速将棒传给第二棒队员，完成 2×100 米接力跑。

其次，进行前三棒队员的传接棒练习。要求同上，完成 3×100 米接力跑。

接力跑训练

再次，进行 4×50 米或 4×100 米接力跑。

最后，经常参加 4×100 米接力跑测验和比赛。

训练指示

在各棒次队员未确定时，应让不同的队员进行不同棒次的接力跑，以便确定各棒次的人选。当各棒次人选确定后，这种两三个棒次接力跑训练，是为了更好地改进传接棒技术。

两个棒次接力跑训练，既要进行一、二棒次的接力跑，也要进行二、三棒次和三、四棒次的接力跑，以提高各棒次传接棒技术的准确性。

在进行几组 4×50 米或 4×100 米接力跑时，为增加竞赛的气氛，各组队员的力量应较为平均。这样，接力跑的队员就被分到不同组别中，不管怎样分法，都应注意提高接力跑队员的传接棒技术，如将一、二棒队员分在一组，将三、四棒队员分在另一组。

提高接力跑运动员的速度感觉。可以采取接棒人在传棒人前 50 米慢跑，回头看传棒人或接棒人做好起跑姿势，根据传棒人的跑速，确定自己快速起跑的时机，并在距接棒人起跑后 27 米处两人靠近，达到传接棒的距离。尽管从前向后看传棒人的跑速较为困难，但这种速度感觉对接力跑运动员是十分重要的。

4 × 400 米接力跑的训练。可在中速跑中练习传接棒技术；结合 400 米跑的能力训练，进行 2~4 人在 200 ~ 400 米反复跑中的传接棒技术练习；经常参加 4 × 400 米接力跑的测验和比赛，通过比赛总结经验，不断完善传接棒技术。

4 × 100 米接力跑和 4 × 400 米接力跑均属短跑的一部分，其锻炼方法和短跑写在一起，通过接力跑的方法进行锻炼，更能引起锻炼者的兴趣并提高锻炼效果。

第三节　接力跑运动注意事项

接棒人起跑过早，使传棒人无法传棒

产生原因：起跑的标志线距离接力区有一定的距离，对传棒队员的跑速没有一个正确的认识；接棒人在接棒时，精神紧张过度，在队友还未进入标志线内就开始起跑。

纠正方法：缩短起跑标志线和接力区的距离，在日常训练中，提高跑速的估算能力；接棒人起跑前要精力集中，注视传棒人跑的动作，当传棒人踏上标志线时立即起跑；经常在高速跑的情况下，练习传接棒动作。

传棒人传棒后超过接棒人

产生原因：接棒人起跑太晚；低估了传棒人的速度，标志线距接力区太近；接棒人反应太慢，看到传棒人踏上标志线才起动，起动过慢。

纠正方法：延长起跑标志线和接力区之间的距离；提高接

接力跑传接棒训练

棒人的反应速度，或把接棒人反应慢的时间，计算在标志线确定的距离内。

接棒人接棒时回头看，影响跑速

产生原因：练习传接棒技术的次数少，接棒人信心不足，精神过于紧张。

纠正方法：在较慢的跑速中反复练习传接棒技术，目光始终向前，反复练习，消除紧张状态。

接棒人或传棒人没有按应跑的跑道一侧跑动，给传接棒造成困难。

产生原因：不知道自己应在跑道哪侧跑，没有形成各棒次在跑道内侧或外侧跑动或传接棒的习惯。

纠正方法：教练要进一步讲解各棒次队员应在跑道内侧或外侧跑的路线和传接棒技术，给队员建立正确的概念，反复练习。

传棒人前伸传棒手臂过早，或接棒人后伸手臂过早，影响速度

产生原因：传、接棒两人配合不默契，传接棒技术不熟练。传棒人担心不能及时赶上接棒人，接棒人担心不能及时接到棒。

纠正方法：讲清传接棒技术正确的重要性，反复练习传接棒技术，消除紧张心理。

掉棒

产生原因：传接棒时过于紧张；接棒人还没有做好接棒动作，传棒人就传棒了；接棒人起跑过早，传接棒时两人距离远，勉强传棒；手持棒的部位不正确。

纠正方法：速度不要提得过高，在中速跑中完成传接棒，熟练掌握传与接的动作技术要领；在传与接的过程中，传棒人的责任更大，必须握紧接力棒，直至接棒人稳稳地接住棒，方可松手；正确掌握传接棒时手部的姿势和动作，尤其是摆臂动作。

接力跑对运动员的身体素质和运动素质的提高都非常有益，与此同时，它还能培养运动员团结协作与集体主义精神。

接力跑由 4 人配合完成，每个运动员在传棒或接棒时，都要充分发挥手和眼睛的作用。运动员可根据自身的特点，以及日常训练中队员的配合默契度选择传接棒方式。无论上挑式还是下压式，都有各自的长处和不足，世间之法没有最完美的，只有最适合的，所以运动员只要掌握好最适合自己和比赛的方法，就会发挥正常水平，取得理想的成绩。采用下压式传接棒方法练习时，应培养运动员双手掌握传接棒的技术，即左手和右手都会传与接。在选择参加接力比赛的队员时，必须对每个队员的身体素质和运动素质有个全面的了解，包括运动员的起跑技术、弯道跑技术、冲刺跑技术和传接棒技术等，按照队员的不同特长，将其安排在最佳棒次上。

第四章

跳高

跳　高

一、跳高基本动作要领

跳高时，运动员需将直线跑动速度转化成垂直弹跳速度，从而越过横杆，完成整个跳高动作。那么在这个过程中，运动员需完全掌握跳高动作并将其灵活运用，才能实现越过垂直障碍的可能。跳高属田径项目中的一个典型技术性项目，运动员需将水平速度转变成垂直力量的技术，与各方面技巧结合后，才能将跳高动作圆满流畅地完成。若动作节奏不协调或动作做得不饱满，都可能导致跳跃横杆失败。因此助跑、起跳、过杆、落下，这一连串的动作都需经过反复练习，才能达到纯熟的境界。跳高可增强人体下肢力量，提升机体的协调性及灵活性。一名优秀的跳高运动员，他的腹肌、腰肌、背肌的爆发力以及身体的柔韧性都比常人有着明显的优势，因此才能实现完美的跳跃。

跳高是运动员借助一段距离的助跑，以单腿起跳，越过横杆后落到落地区域内的田径项目。运动员可选择跨越式、俯卧式和背越式等姿势越过横杆。由于技术类型不同，运动员完成跳高动作的方法也会有所差异，目前应用较多的还是背跃式跳高。

背越式跳高动作如行云流水，通过长距离的弧线助跑后，运动员可快速地侧身起跳，背部落到落地区完成比赛。而其

他姿势的助跑一般都是直线的，距离较短，运动员起跳速度也相对比较慢，身体重心低，很难越过较高高度的横杆。

助跑之后，运动员开始起跳，迅速转变运动方向向上腾起，将动能化为势能。起跳姿势不同，起跳腿位置也会有所不同。背越式、跨越式、剪式跳高起跳时，起跳腿是从远离横杆的一侧开始做起跳动作的，而俯卧式和滚式则是从贴近横杆的一侧起跳的。

采用背越式上杆时，运动员需将身体由侧对横杆转向为背对横杆，随后身体的其他部位按手臂、头、肩的顺序依次过杆。柔韧的躯体伸展成反弓姿势，瞬间跃过横杆，并在过杆之后，收腹举腿，以背部着落到海绵包上。而俯卧式过杆是先将腿摆过杆，身体各部位进行相应摆动，最后跃过横杆落地。背越式、俯卧式姿势能充分借助腾空的高度，从而实现高度横杆跨越。

背越式技术

目前，普遍采用的跳高姿势是背越式，此种姿势需要较高的技术。运动员需采用特定的弧线助跑，单腿起跳后转向身体背对横杆，以背部先接触到海绵包的一种现代跳高技术。背越式跳高的完整技术体系包括助跑、起跳、过杆及落地四个主要步骤。

跳高之前，运动员会经过一段距离的助跑。助跑的距离按运动员所选姿势的不同会有长短上的区别。运动员经过一段距离的跑动之后，最后踏上起跳点，越过横杆，落到海绵包上，至此完成跳高的所有动作。运动员需对起动方式、助跑路线、助跑距离和节奏等几方面加以注意，以形成有效的助跑。

背越式的助跑开始时是沿直线运动的，跑法接近于普通的加速跑，助跑最后四步不降低重心，仍保持快速积极的跑动，之后运动员在起跳点快速起跳，身体侧向转体形成背对横杆的姿势，完成跳跃。此种助跑采用“J”字形的路线。

助跑可使运动员起跳时获取向上的加速度，为跨越横杆提供有利条件。直线助跑以前掌着地，弧线助跑时由全掌过渡至前掌。助跑时，人体重心向前平移，跑动产生的助力增加了起跳的支撑反作用力，从而使动作转变更为流畅、自然。

运动员在助跑之后，用起跳脚踏上起跳点，在摆动腿的配合下，经过着地、缓冲、蹬伸和蹬离地面跳起，这一过程被称为“起跳”。

经过助跑后进入起跳阶段，人体由周期性运动变为非周期性运动，进入向前上方的运动轨迹，在转化过程中需要娴熟的技术作为动作流畅的保证。运动员借助起跳点上弹姿势带动形成的上冲力完成腾起越过横杆的动作。

直线助跑进入倒数第二步的后蹬是十分有力的，踏跳腿向前伸着地，直腿制动可使水平动力随惯性转为上升动力。腿迅速前摆，以前脚掌保持着地状态，这样可使身体重心不至于偏低，身体呈内倾斜姿势。腿在摆动时，膝盖呈弯曲状，并以加速的方式向前上方迅速摆起，同侧髋也要前送辅助带动身体。作为起跳之用的一侧腿应迅速前摆，然后挺伸小腿，使脚顺弧线的切线方向踏上起跳点。在摆腿、摆臂和伸展躯干的协调配合下，起跳腿蹬直，摆动腿的大腿部位与地面呈水平位置并开始向里转，快速调整身体重心，将身体由倾斜调整为垂直状态，以便最大限度地抬高身体。

起跳的最后一步助跑步伐要小，起跳脚快速着地，借助助跑加速度起跳的同时脚尖指向落地位置，脚不要与落地区前沿平行。起跳腿的膝盖与非起跳腿的膝盖都是弯曲的，而且后者的弯曲幅度要比前者的弯曲幅度大。起跳腿着地起跳，非起跳腿腾空抬高，使身体动力方向转变为上升状态。快速顺势提拉摆动大腿，使之能与地面保持平行姿势。起跳时，右臂上拉，左臂自然下垂，使身体保持平衡，起跳动作流畅。身体一面旋转，一面伸直，离开地面。

过杆和落地是跳高最后的两个阶段。运动员在起跳腾空后，身体要充分伸直后仰，尽量带动腰臀向上，超过横杆高度。身体侧向旋转以背对横杆，随着头和肩过杆。身体在杆上时，尽量向上挺髋，自然降低身体已过杆的部位。当腰部悬浮在横杆上并位于最高点时，身体应呈背弓形，直到臀部越过横杆为止。身体在最高点时，要准备进行一系列的过杆动作，收腹屈膝、伸直小腿，同时将两小腿向后收起，两膝向外侧张开，两臂贴于身体两侧。当臀部过杆后，小腿迅速向上甩起，上体前屈，髋部保持上挺，头向胸侧屈，以使肩部的下垂速度加快。当臀部越过横杆，小腿快速向上踢动，使双腿顺利从杆上掠过，最后以背部先着落到海绵包上。落地时，两侧手臂支撑在海绵包上，两膝分开。身体的肩、背、腰等部位先受力，不能让头、颈部先落下。运动员安全落到海绵包上之后，要等到裁判给出信号之后，方可离开海绵包。

背越式跳高的特点

采用背越式跳高可较大程度地借助助跑提供的向上加速度，从而有效地进行起跳。因背越式开始助跑的路线是直线型的，为此，要充分地发挥助跑的水平速度，从而提供起跳足够的爆发力。起跳时，摆动腿屈腿向上向外摆，以使身体朝开始助跑方向做旋转动作。起跳后，摆动腿的膝关节放松，踏跳腿在离开地面之后自然垂下，两臂顺势继续向上伸展，头和臂先过杆，同时积极挺髋，使身体略成反弓姿势，待臀部越过横杆后可伸展身体。身体过杆继续下落,两臂支撑身体，背部着地，落到安全海绵包上。

背越式跳高的优点

对于初学者来说，容易掌握的背越式跳高可在短时间内帮助他们取得良好的成绩。背越式可充分借助起跑加速度提高起跳效果。由于采用弧线助跑,跑动时身体倾斜于圆心方向,加大了起跳时的加速距离。当人体腾空置于杆上时，身体各部位的依次运动使过杆看起来流畅、自然，而且反弓形的身体姿势充分地调动了身体各部位的协同能力。

弧线助跑的作用

当人体悬浮在横杆之上时，通过旋转身体，以背对撑杆，略成反弓的姿势，背越式跳过横杆。这是背越式最为显著的特点。背越式的助跑呈“J”字形，人在进行一段距离的直线助跑之后，再将路线改为弧形，使身体自然地转向背对横杆的姿势。另外，弧线助跑有利于运动员通过获取朝向横杆的离心力有效地进行起跳，从而越过横杆。

跨越式跳高

跨越式采用的是直线助跑，以提供运动员加速上升的速度。助跑开始的三四步不要拘泥于动作，要轻松自然地进行起跑。身体前倾的幅度不可过大，随着助跑逐渐加大跑动的速度及步长，并使躯体由前倾转为直立。起跳前的最后几步助跑，要保证身体重心平稳或略微有所下降。加大两臂摆动的幅度，同时脚跟着地，并逐渐过渡到脚掌接触地面，使起跳脚能够有力地进行蹬地动作。起跳倒数第二步要加大动作的幅度，而最后一步的速度则应更快一些。需要强调的是，在跨越式进行到最后一步助跑时，需同步向上送髋，并且送髋的速度要明显超过胸部向前的速度，同时，两臂向后摆，以此加快跨跳的距离和速度，做好起跳的准备。起跳腾起后，身体各部位应紧密配合以越过横杆。摆动腿过杆时，上体稍前倾。过杆后，腿再内转下压，两臂向下稍作后摆动作，以使身体能够转向根杆方向。同时起跳腿积极上提，完成跨越过杆动作。身体越过横杆后，两臂向上伸展，上体抬起。用摆动腿落地并屈膝作为缓冲。

想要运用跨越式跳高，就需对两腿依次过杆的协调配合及摆动腿内转下压的技巧有深入的了解，同时也需对起跳腿上提过杆、身体向横杆扭转等动作加以重视。练习整套技术动作关键在于选手须有精益求精的精神以及执着的追求。在训练中，练习者应尽量将每个技术动作做到足够饱满，尤其是起跳技术的准确掌握，直接关系到起跳之后能否成功越过横杆。

针对此种跳法，练习者可在原地或行走时进行外摆腿和内摆腿练习，有意识地控制下肢动作，使身体更为协调，其灵活性和柔韧度也可以随之得到改善。在进行原地摆腿内转下压和起跳腿上提绕摆练习时，练习者需将双脚前后错位摆置，摆动腿要在后面。当摆动腿摆动幅度达到使大腿与小腿之间角度小于直角时，就应当立即内转下压，并落地支撑，然后起跳腿稍屈上提绕摆至胸前。练习者可以先将动作分解进行，待每个动作都熟练之后，再组合起来做连贯动作，最后可结合起跳腿的蹬伸动作进行练习。原地过杆分解练习和原地进行外摆腿与内摆腿练习大致相同，在分解动作熟练掌握之后，结合转体和两臂上举动做进一步练习。

在进行原地跨越低横杆的模仿练习时，可先在地上放置一根横杆或简单地画一条直线以充当跳高支架上的横杆。练习者身体侧对横杆，在距横杆约三四十厘米的距离点上选择起跳以越过横杆；待动作逐渐娴熟之后，可适当地提升过杆高度，但过杆与地面不应高于40厘米，因为初学者容易把关注点放在能否越过横杆上，而忽略了动作上的配合。

上一步起跳跨越式过杆也是进行跨越式过杆的一项重要技术。练习者在训练时要将起跳腿放置于后侧，上步起跳，跨越式过杆。在上步起跳时，身体要略向前倾，起跳速度要足够快，人体才能充分借助上升力越过横杆。对特定的步子要有针对性地练习，从而结合整套动作做连贯性练习。

剪式跳高

运动员在起跳腾空后，先越过横杆的腿做向下摆动，同时起跳腿的膝盖弯曲向胸前抬起，待过杆后迅速将腿收起。需要注意的是，过杆时，抬高的双臂要避免碰触到横杆，以免犯规而被淘汰。

跳高训练

俯卧式跳高

俯卧式跳高的起跳脚是主跑道起跳点时位于横杆较近一侧的脚。起跳脚起跳使人体腾空后，摆动腿摆至杆上时身体同侧的手臂要进行前伸，与摆动腿几乎呈平行状态，两者同时迅速内旋，同侧肩向内扣，头随之转动，同时起跳腿屈膝，小腿向后摆上收，在杆上越过的瞬间呈俯卧姿势。接着，摆动腿和同侧臂仍延续前伸内旋的动作，继续绕横杆转动，头部偏向下，待起跳腿的向外延伸动作带动髋部越过横杆之后，同侧的摆动腿和手臂开始向下，完成过杆动作。因同侧的摆动腿和手臂是先向下运动的，所以它们先着地，此时练习者应当屈肘、屈膝使身体侧卧继续滚动，以缓冲下降时向前的作用力。

背越式和俯卧式的区别：运用背越式进行跳高时，起跳与过杆动作的衔接给人以一种更加流畅、自然的视觉感受。身体在杆上腾空时，以横杆为轴线进行转动，呈“背桥”姿势从横杆上越过，着地时，能以肩背落在海绵垫上。而在进行俯卧式跳高时，起跳与过杆动作在衔接上虽然也是一个连贯的过程，但随机变化出现的概率与前者相比则更大些。

跳高助跑技术动作易错之处及改正方法

助跑的节奏衔接不紧凑、步点不准确是初学者常出现的问题之一。由于助跑动作做得不规范，迈出的步伐时大时小，使动作无法紧密地衔接。起动的方式不固定，助跑的距离不准，都可能导致无法达到越过横杆的高度或身体撞倒横杆等现象。

为了有效地完成跳高动作，减少此类事件的发生，练习者可在训练中反复对助跑距离进行查看，并对比修正。为了更加明确助跑的距离，练习者可以在助跑的路线上做标记，固定起动方式，在不断练习中逐渐掌握跑动的节奏感，改进助跑技术。

同样，助跑减速，与起跳不能很好地衔接，也会导致跳高动作的失败。关于这个问题，助跑的落点不准，无法有节奏地进行助跑以及起跳的技术不娴熟等都是产生助跑错误的症结所在。

不断练习助跑和助跑与起跳衔接的动作，可使助跑与起跳更自然地衔接在一起。助跑的步伐应有节奏感，而且步幅要平稳。练习者开始时要控制好起跑的速度，并在不断向前跑动的过程中加速。多进行短助跑起跳练习，并结合跳过障碍物或跳上跳箱等器械可帮助练习者有效地掌控助跑的节奏与速度。

跳高助跑练习

练习者进行助跑起跳练习时，在发力跳跃的过程中要将身体向后倾斜，往上方垂直跳起。前导脚向前上方摆动，大腿靠近胸部。向前上方摆动双臂以提升身体的重心位置，以转变行进方向来形成向上的提升速度。

由于助跑为起跳提供了重要的力量支持，因此前者是后者顺利完成不可或缺的前提。对于助跑起跳的技术要领，可在反复练习中探寻，也可请专业人士进行指导。在有专业人士辅导的情况下，可要求其一边讲解一边做动作示范。在练习过程中，练习者可在原地做起跳脚脚掌流动训练。

助跑起跳的过程中，有几项技术细节需要注意。迈步放脚起跳就是其中较为重要的一项技术。练习时，双脚交错呈先后站立的姿势，应将起跳脚放在后面。起步时，起跳腿向前迈步，经放脚、着地、滚动、缓冲后快速蹬伸。练习者在开始练习时可将放脚、缓冲和蹬伸分三个阶段练习，在熟练掌握每个动作之后，再做连贯动作。从最初的不连贯、速度慢，再到可以快速、连贯完成所有动作，需要一个过程，所以，初学者在没有掌握技术要领之前一定要有耐力和恒心，才能真正地掌握这一阶段的技术。在训练中，练习者如果蹬伸不充分，很容易形成错误动作，所以要多加留意这一环节。

原地的摆腿训练可帮助练习者在助跑跳起时充分运用肢体力量达到身体重心上移的目的。练习者可借助起跳腿同侧手作用在物体上形成的支撑力，使摆动腿由后向前上方做快速摆动，在摆动腿向前摆动的同时，起跳腿顺势伸踝蹬伸。在原地进行摆腿练习时，要注意提肩立腰，身体上部稳固，上摆时脚尖可以勾起。如果能在不借助物体支撑的情况下进行摆腿时，要结合两臂的摆动动作，并随蹬伸逐渐使起跳腿离地。原地进行另一项跳高技术练习——起跳摆臂的模仿练习时，也是保持两脚前后开立，摆动腿依然在后面，双臂向身体后方使力,然后再用力向前摆。当熟练掌握摆臂动作后，可与下肢动作结合在一起练习，从而逐渐完善整个起跳技术。

起跳时，起跳腿、摆动腿和两臂动作要协调配合，可先进行原地起跳练习，再做上一步和上三步的起跳练习。做上一步起跳练习时，可在人的头顶或摆动腿的前方悬挂一个球。起跳后，以头或摆动腿的脚尖能触碰到空中悬挂的球为完成标准。这样做可以让练习者更快地形成肌肉记忆。

跳高需要连续协调的动作，练习者在完成分解技术练习之后，要将所有的动作结合到一起进行练习，只有经过不断练习、反复实践，才能真正地掌握跳高的节奏与技术。

跳高训练

二、跳高训练注意事项

在练习跳高技术动作时，一定要有安全保障。练习跨越式和俯卧式跳高时，可选择在松软的深沙坑内进行，这样可有效地保证练习者落地后的安全，而进行背越式练习则需在落地区域铺上海绵垫以承载跳高者的下落。

练习前要做好准备活动，伸展腿部关节，拉伸肌肉的韧带，尤其是脚跟和摆动腿的韧带拉伸，动作不仅要幅度充分，而且还要达到一定的次数。躯干及腰、腹也要进行较大幅度的活动，并且反复练习助跑与起跳的结合。

起跳技术在整套跳高技术当中占有相当的地位。练习者在开始学习时，要明确每一个阶段所需要掌握的技术，并有针对性地进行肌肉用力练习。平时练习时，要侧重对摆动腿摆动动作和起跳腿快速有力的蹬伸动作练习，以加强腿部肌肉力量及韧带柔韧性等。

运动员进行正式比赛时应保持良好的心理状态，排除一切干扰，对技术动作进行合理规划，等等，可让其获得优异的比赛成绩。

第五章

撑竿跳高

撑竿跳高

一、撑竿跳高基本动作要领

对于撑竿运动员而言，需要不断在训练中强化起跳速度、身体柔韧性、协调性及专项力量四个方面的素质。撑竿跳高的力量是提高运动员技术水平、助跑速度和跳跃高度的关键因素。

摆体技术近年来愈发引起撑竿运动员的重视，它不仅可以增加弯竿力，同时也有助于形成良好的弹射前体位，从而使运动员有效地借助撑竿弯曲积聚的力量越过障碍杆。

运动员在起跳握竿时左手应将握点放前，右手在左手肩部正前方握住撑竿。运动员起跳后右手的握竿高度与跳高的技术水准及身体条件有着密切的关系。右手握竿的位置到横杆顶端的距离被称为握竿高度。运动员握竿的高低，同样取决于助跑速度，这也是撑竿跳高的预备动作。

撑竿跳高的完整动作过程是由持竿助跑、准备起跳和起跳、悬垂摆体和后仰举腿、引体、转体和腾越过杆、落地等一系列密切联系的复杂动作组成的。

持竿助跑

现代短跑技术模式被视为基础性的助跑技术，并在此基础上不断改进与提高，以适应携竿助跑的要求。助跑的质量会影响插穴起跳组合的效果，而插穴起跳会影响竿上动作，对于过杆有着决定性的作用，所以要掌握好每一个动作要领。持竿时，运动员可根据平时的训练习惯来决定体侧持竿还是体前持竿。

选手的助跑速度直接关系到助跑产生的距离。助跑时，运动员需快速、平稳、自然有力地向前跑动，为了减轻两臂持竿的负担，通常会将撑竿倾向于靠近身体的方向。跑动过程中，双臂要与下肢协同配合运动，以保持身体的平稳。男运动员的助跑步相较于女运动员要多，这和男女的身体强度差异有关。运动员在助跑倒数 6～8 步时，竿子降至 65 度，倒数第四步使撑竿处于水平状态或倾斜角约为 45 度，最后三步完成降竿、举竿和插竿起跳等一系列动作。运动员在利用撑竿起跳后，借助撑竿的支撑及反弹力，在撑竿上连续而快速地完成多个由多肌群合作形成的动作后，才能越过横杆。

运动员在撑竿助跑开始阶段会有一个起动和加速的过程，在保证跑动的节奏、步伐以及撑竿稳定的前提下，不断加快跑动速度。当助跑达到中途跑阶段时，撑竿的重心会随之而降低，同时，左手会有明显负重感。当助跑达到一定速度并能插竿起跳时，平稳地降低撑竿，保持身体直立和高重心，准备插竿起跳。

插竿与起跳

在高速助跑之后，运动员会下降撑竿的重心，举竿、插竿起跳，在竿上完成一系列复杂动作后越过横杆，那么，在整个过程中最为关键的一个步骤就是找准插竿的位置和时机。只有有效地举竿插穴起跳，才能最大限度地将奔跑的动能转化为竖竿和摆体的动量。撑竿高度在一定程度上决定着运动员利用撑竿反弹力的大小。所以，双臂在举竿时要尽量向前、上方伸展，身体也随之做出向高处伸展的姿势，在身体借助撑竿反弹力使身体各部位顺次越过横杆后，完成整套撑竿跳高的动作。

插穴起跳时，运动员左臂抬高举起，左手向前推送撑竿，同时右臂和右肩后撤，在左手向前推送撑竿时，右手将其向高处抬起，此过程需要两手和双肩的紧密配合。运动员在将撑竿向上、向高抬起的同时，身体重心也要随之迅速前移，落地支撑腿积极后蹬。当起跳脚踏上起跳点时，运动员右臂尽量向上伸展，左臂弯曲以支撑撑竿的重量。撑竿在插穴中稳固后，运动员迅速将身体的肩、胸、髋向前上逼近，起跳脚积极蹬伸，同时摆动腿做屈膝上摆动作。身体起跳后悬垂于撑竿下，并使撑竿受悬垂身体的重力作用而发生弯曲并反弹，人体借助撑竿的反弹力做出一系列复杂动作，从而越过横杆。

运动员在完成插穴起跳的过程中需要注意两方面的内容，一是要将助跑中获得的加速度从水平方向的力转化成为垂直方向的力，二是要保持一定的水平方向速度。起跳位需要借助有效助跑后才能准确掌握，而起跳前最后一步的准备动作起着至关重要的作用。缩短最后一步助跑的步调，以积极向前、向上的举竿形成起跳过程的有效组成部分。掌握好起跳点的位置，最适宜的起跳点应在握竿投影点前约5~10厘米处。为了获得最大的起跳高度，在撑竿插入插穴起跳之前，右手手臂要尽量向上伸展，左手手臂呈弯曲状，以支撑撑竿的重量。起跳后，起跳脚用力蹬向起跳点后，起跳腿膝盖弯曲快速向上摆动。

悬垂摆体

悬垂是起跳后运动员在撑竿上的状态，悬垂的深度由起跳离地时的水平速度决定。当撑竿的反弹力达到一定限度时，会逐渐向外释放积蓄的能量，运动员也由团身悬垂逐渐伸展成直臂倒悬垂状态，此时运动员的跳跃高度能否达到横杆以上就需要看直臂悬垂的高度了。

起跳后，摆动腿屈膝快速上摆，以使身体获得向上的加速度。运动员通过摆体使弯竿的作用力加大，身体适时地到达一个适当的位置。在摆体阶段，撑竿的弯曲幅度最大，积蓄了较强的反弹能量。人体的重心会随着摆体的运动做握点之下向握点之上的转移运动。摆体阶段，人竿系统包含了人竿转和人摆两个重要内容。缩短人竿转的转动半径可有效地增加撑竿的弯曲度，进而使撑竿的形变弹性势能增加，为后期成功越过横杆创造必要的条件。而人摆通过增大摆动半径和摆动速度，在增加撑竿的弯曲幅度之上，还为后期的身体伸展准备了良好的相对位置。

运动员在起跳点起跳离地后，双腿结合腰力向前上方抬起，使身体重心随整个下半身向上提起，配合撑竿的弯曲和恢复态势向前方运动，同时要注意控制身体角度和前送时机，避免过早地越过“竿弦”。整个过程具体描述起来可以看作是以下步骤的连贯进行：首先以两肩之间的直线为轴，将肩以下的躯干和肢体尽力向内蜷，使重心转移到肩背部，同时下肢上扬，使整个身体在撑竿的支持下保持一个抛物线上行运动状态，并让这个态势持续到越过横杆之后再行转入下落轨迹。但要注意的是，当撑竿伸直反弹时，要将右臂伸直，以加强对撑竿的作用力，从而有效地利用撑竿的反弹力。

引体、转体（竿上运动）与过杆

竿上运动与过杆最基本的要求是盆骨的高度应达到与肩部所在位置同等，尽量靠拢上臂和躯干的夹角。通过臂部、肩部和躯干的肌肉用力（与个人身体质量、特点等有关），利用身体重心的控制来完成一整套竿上动作，从而获得最佳的腾越高度。过杆与竿上动作的完成密切相关。

优秀运动员的跳跃技术存在相当大的不同，这些不同主要体现在竿上动作和过杆方面。当人体推离撑竿以使得自身腾空时，身体的各部位要协同作用，以此完成一个绕纵轴转体的动作，使身体各部位依次过杆从而完成整个撑竿跳高运动。

在完成悬垂动作之后，撑竿的反弹速度即将达到最快，随着撑竿带来的巨大牵力做拉引动作，利用臂力向上引体，将身体沿着撑竿向上推动，同时完成转体动作，双手离竿，将身体向空中抛起，当腿越过横杆时，两腿下压，含胸收腹，身体在此时呈弧形状态；当臀部越过横杆后，向上抬头甩臂，以利于整个身体依次越过横杆；之后，腾越过杆。

在技术正确的情况下，后仰举腿动作之后，运动员仍要继续对撑竿施加作用力，这样对跨越横杆所需的引体和转体才有利，而且要求运动员具有较强的躯干、肩部和臂部的力量。另外过杆过程中，扬臂、抬头不宜过早，否则会使臀部的位置由于相向运动而下降，很有可能在下落的时候将横杆带落，致使跳高失败。

着地动作

身体过杆后，保持身体平衡状态，以背部着地。在此过程中，运动员如垂直落地或以其他姿势落地极易扭伤脚踝或伤及身体其他部位。

撑竿跳高

二、撑竿跳高训练

技术训练

高水平的基础力量是取得好成绩的重要前提。所以练习者不仅在训练前要做大量的力量练习，还要在专项技术练习结束后，另外进行一些基础力量练习，还要利用器械进行一些辅助练习。

随着大量的科学技术被运用到体育训练中，人们已不再单纯地追求训练的结果，而是更加重视运动员有关新技术的适应及体能的提升，训练正在朝着定量化和手段专项化的趋势发展。

撑竿跳高训练

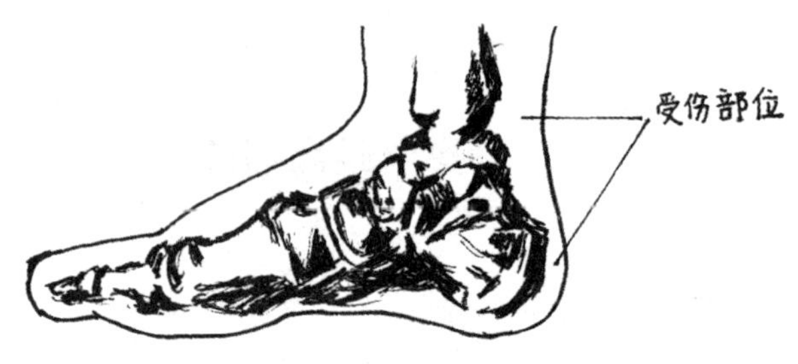

容易受伤的部位

对于撑竿跳高来说，技术训练和基本的协调技能关乎该项目的发展命脉，同时也要在训练中对助跑加以重视。

训练期间，方法和技术不正确容易造成练习者挫伤或疲劳性骨折。因为在训练中练习者需克服自身不利因素，还要投入大量的精力用于提升速度及起跳能力，反而往往忽视了对于身体的照顾。训练之前，练习者要对自己的柔韧性及力量等做一个预测。体操训练可增强肌肉的伸展能力，如翻筋斗、引体向上、垂摆、蹦床，都有助于避免受伤。而且利用绳索、单杠、吊环、双杠的一些准备练习可以加强自我保护，且对撑竿作用也是有帮助的。利用吊绳可以练习摆体翻转、展体和过杆，利用单杠练习举腿展体向前转体过杆和摆体向后过杆。

在助跑练习中，练习者应该尝试在提升当前高度目标不变的情况下，同时设法加快最后的助跑速度，并保持技术水平不变，或入场更有利于成绩的提高。而助跑速度的提高只能通过增加训练量和训练强度来实现，如做 40 ~ 50 米的协调跑、80 ~ 120 米的加速跑，以及变速跑、冲刺跑、牵引跑、耐力跑等；之后做持竿助跑练习，在练习中要加强持竿小步跑的节奏感、抬腿跑的抬腿高度以及扒蹬跑的蹬地力量等训练。

练习者在进行有力的助跑后，要找准举竿插穴的时机，以提供后续撑竿跳起足够的能量。纵观世界一流男子撑竿跳高运动员，他们所选的插穴时机一般都在倒数第二步着地之前。由于练习者自身条件不同，在训练中可进行针对性指导，以便每个人找到绝佳的插穴时机。为了能够熟练掌握此项技术，在训练之前，练习者可先做原地降竿、举竿练习，之后再做助跑插穴起跳练习。

在训练初期，练习者可进行分解动作练习，待每节动作熟练之后，再将它们连贯进行，要注意分解和完整技术动作

撑竿跳高专项训练

撑竿跳高训练

衔接的紧凑性。练习者在加强身体素质能力的同时，也要对专项技能加以完善，注意将身体素质和专项技术训练结合起来使用，还要做好安全防护，注意关于场地和器材设备的检查和维护。

依据运动员自身的素质，合理地安排训练内容，并随着训练运动量的加大，技术运用得当，可适当减少训练课程，采取小周期训练法以适应比赛需要。

运动员在早期训练中，一定要对每个动作加以重视，切不可因自身的主观意识疏忽而导致整个训练产生技术方面的隐患。若运动员的身体素质及跳高技术等在经过一段时间的训练后没有取得明显改善，那么，教练员应分析每个训练细节存在的不足。因为大部分从事运动的人都知道，在学习阶段形成的技术错误在后来是很难改正的，有时甚至无法完全改正。正因为如此，早期的训练绝对要按照标准进行，哪怕是最简单的技术动作也要落实到位。某个独立和简单的技术改进方法只能代表短期的发展，要使每个动作之间都形成协调合理的组合。因此在日常训练中，练习者不能只顾及自己习惯与否，要从长远的目标做打算。

心理训练

一场重大的比赛，一群热情的观众，繁忙的工作人员、严格的裁判团，面对这些，运动员们大都怀着激动、紧张的心情步入比赛现场。我们不得不说，这些肩负重大使命的运动员们都是勇敢的。因为每一个心态上的变化都有可能严重影响其正常发挥。

面对充满变幻的比赛，保持良好的心态是十分必要的。赛场上，运动员在良好心理状态下可能创造意想不到的成绩，但也有可能因心理素质不佳而发挥失常。

为了在比赛中有一个良好的心理状态，运动员应有步骤地进行心理方面的训练，可从知觉、表象、意志力及自信心等几方面加以管理。

心理训练可保证运动员在良好的心态下出色地完成比赛，获得优异的成绩，而良好的心态也可以帮助运动员提升训练成绩，到达理想的比赛状态。

第六章

跳远

跳 远

一、跳远基本动作要领

跳远的基本过程可以描述为：运动员沿着助跑道带有节奏地加速助跑，在起跳板前的起跳点上沿用单足起跳，使身体由直线速度转换为上升速度，以达到腾空的姿势。身体在腾空后下落到落地区域内，以双足在沙坑表面留下的印记以及到起跳线或起跳线延长线之间的距离为试跳成绩。

跳远技术的发展

运动员在起跳腾空后，会在空中形成不同的姿势动作。从最初的蹲踞式跳远到后来的挺身式跳远、走步式跳远，在

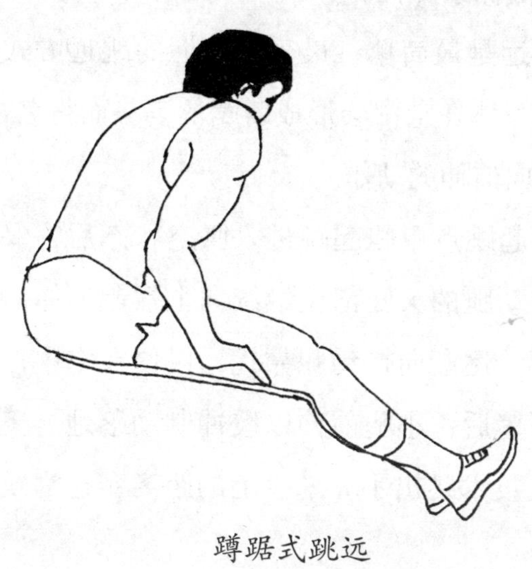

蹲踞式跳远

跳远不断向前发展的同时，跳远技术也得到了改进。1890 年以前，人们普遍采用的是原始的蹲踞式跳远，随后人们对现有技术进行了改革，以蹲踞式和半蹲挺身式进行跳远。在不断的实践中，挺身式跳远日趋完善，并且还衍生出了一种新的跳远技巧——走步式跳远。后来，人们又进行各种尝试，但有的方法因其存在较大的危险性而被禁止使用。

目前，几种通用的跳远技术已趋向成熟，人们普遍采用的是走步式跳远或挺身式跳远。尽管现代体育运动中已经添加了大量的科技成分，但运动员的自身能力仍是决定性因素。除了不断提升自我，保持良好的身体状态外，运动员还需熟练而准确地掌握先进的技术，只有这样才能在比赛中取得优异的成绩。

跳远技术主要经历了三个发展时期，它们的接踵演变见证了跳远运动的探索历程。

蹲踞式跳远是最简单、最容易掌握的跳远方式。运动员起跳后，因其身体在空中会形成蹲踞的姿势而得名，下落后，小腿会有一个向前伸的动作。

运动员在起跳点单腿起跳进入腾空状态后，保持上肢直立，同时使摆动腿的大腿部位继续向上摆起，体后的起跳腿开始屈膝前摆，逐渐向摆动腿靠拢，以便在空中形成蹲踞式动作，腾空下落后，小腿前伸以缓冲制动落地。美国运动员欧文斯曾用此技术跳出了 8 米以上的距离，这为跳远带来了新的起点。

在蹲踞式跳远的基础上，人们又进行了挺身式跳远和走步式跳远。

挺身式跳远是运动员在单腿起跳后，在空中形成挺身姿势，并在落地前进行收腹、屈髋等一系列动作，从而达到增加跳远距离的目的。

以挺身式进行跳远时，起跳腾空后伸展摆动腿的膝关节，小腿呈弧度前后摆动。此时，两腿靠拢，挺胸展髋，身体呈挺身姿势，同时手臂向上伸展，然后，两腿快速向前摆，手臂与之配合上下摆动，收腹举腿，缓冲落地。

在挺身式跳远之后，人们又采用了走步式跳远，它是在手臂与双腿的协同配合下，在空中“走动”三步后下落，并在落地前进行收腹、前伸小腿等动作。

走步式跳远是急行跳远的一种技术。运动员起跳后，在腾空的瞬间，摆动腿的大腿带动小腿完成摆动动作，摆动方向为前方与下后方，与此同时，另一条腿的大腿向前方抬起，膝部前摆，小腿迅速前伸，与摆动腿完成交换动作。此时，双臂进行绕环摆动，动作幅度以大为宜。而后，已处于身体后方的摆动腿屈膝前摆，快速与起跳腿靠拢。此时，双臂经过身体前方，向下后方摆动，小腿向前方挺伸，触地，在空中形成两步半的走步式。

在三种跳远技术中，就跳远空中与落地技术方面比较而言，挺身式跳远要好于蹲踞式，而走步式又优于挺身式。挺身式跳远在起跳腾空后，空中的挺髋和展体动作可在一定程

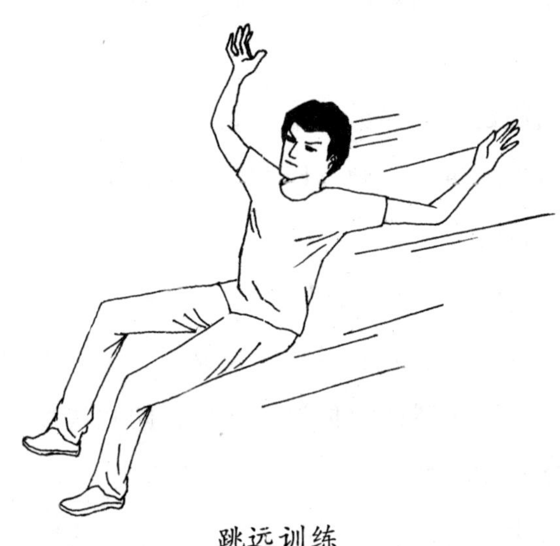
跳远训练

度上加长体前肌收缩前的初长度。虽然这样的动作对改变身体的重心没有太多的帮助，但可以在进行大幅度的收腹、屈髋、前伸小腿后，滞后脚落在沙坑上的时间，以此达到延长下落点与起跳线或其延长线之间的距离。而走步式跳远在兼具挺身式跳远优势的同时，也能保证身体的平衡性，使肌肉在运动中也能保持一种舒展的状态。基于走步式技巧在跳远空中姿态下特有的优势和作用，人们将走步式看作最为理想的跳远空中姿势，但也仅限于在助跑起跳后身体重心轨迹不会偏离正常轨道的情况下。

对于跳远而言，最为关键的是掌握好助跑的速度及起跳点，然后才能利用各种跳远空中姿势和落地技巧。现代跳远是以速度为核心的竞技项目，适当地增长助跑距离，提升助跑速度，掌控好助跑的节奏，使起跳后能得到更大的向上推动力以拉长跨越距离。在起跳过程中，支撑腿进行有力地摆动，屈膝摆动的角度要适当，同时缩短腿用力蹬伸的时间，从而降低水平速度的消耗，以提升助跑及起跳上升速度的利用率，达到理想的腾起高度。尽可能伸开肢体，以尽量延缓落脚的时间，达到增加跳远距离的目的。

跳远的基本动作

跳远在起跑开始后进行加速助跑，在起跳点上起跳腾空，并在空中进行一定的技术动作，最后下落到沙坑上。其过程中涉及的具体动作细节较多，但在基本阶段上是由助跑、起跳、腾空、落地四个连续动作构成了整个跳远过程。其中，最为关键的是助跑和起跳，它们是跳远过程中主要的可控阶段，如果某方面出现失误，那么，整个后续动作也就瘫痪了。在有力助跑及准确起跳后，身体腾空后在空中进行的动作以及

跳远训练

落地动作是否适当，同样对整个比赛成绩有着一定的作用，但是相对较为微小。可以说，每个环节的技术动作都有着它的作用，彼此之间相互依存，它们是跳远中统一不可分割的部分，无论它们中的哪一个环节出现问题，都会对跳远成绩带来一定的影响。

助跑

助跑是一段有节奏的加速度跑，为起跳做准备，以使人体在腾空后达到理想的高度。助跑的速度直接关系到跳远的距离。当运动员助跑速度很快时，可以适当降低助跑的长度，相反，如果助跑速度较慢则需要较长的助跑距离，这主要是由运动员自身条件决定的。助跑速度的快慢直接关系到跳远的成绩，同时与踏跳时腾空速度有着紧密的关联。

在开始助跑时，双脚要进行有力的后蹬，并逐渐加速。跑动时动作要自然，节奏紧凑，不断加快脚步交替的频率，同时步伐要有弹性，保持一定高度的身体重心。当助跑进入起跳前最后几步时，要将助跑速度提升到最快，缩短最后一步的步伐间距，尺度要比倒数第二步小些，这样有利于进行快速有力的起跳。

跳远的助跑技术

跳远常用的助跑开始方式有四种。第一种是双脚向左右分开一段距离的左右站立式起动。或者双脚分别置于身体前后方，以站立式起动的前后式起动（第二种）。这两种方式都是在身体静止的状态下，同时起动的位置是在确定好的助跑标志上开始助跑的。助跑时要保证第一步的步幅以及跑动速度的稳定性。在助跑的落脚点比较稳定的情况下,成功的概率很高，但这两种方法使肌肉相对紧张和僵硬，不利于助跑的提速。

走步踏上助跑标志的起动（第三种）和先走动后缓慢跑上助跑标志（第四种）是后两种开始助跑方式。这两种开始助跑方式是从行进间开始的，从起初的慢跑或走动，然后踏上起点后开始进行加速向前助跑。由于加速助跑之前，肌肉是处于活动状态的，为此在跑动过程中的状态会相对比较自然，容易提升助跑速度，但采用这两种方式的不足之处在于正确找到起动点的概率较低。

助跑加速度的方式

助跑时的加速度主要以两种方式进行，一种是在开始助跑时就快速、有力地向前跑，同时不断加快跑动频率，增加跨步的长度以提升跑动速度。此种方法可有效帮助运动员获得较快的加速度，所需的助跑距离较短。另一种方式采取的是逐步加速的方法，在开始时速度提升较慢，随着跑动距离的加大，逐步加大步长，同时提高步频。这种方法所需的加速度时间较长，也拉长了助跑距离。

采用何种助跑加速度的方式，可根据运动员自身的身体素质而定。当助跑的步伐交换频率加快时，助跑的速度也会

提高，在助跑过程中没有停留和减速的情况下，使得助跑在进入最后两步时达到最大速度。当然，无论采用何种方式的助跑加速度，只要能有效地提供起跳前所需的速度，同时可使运动员进行正确的踏板和起跳，那么，它就是一种行之有效的方式。

助跑的预备动作

运动员在开始助跑时，上体要向前倾，在助跑中逐渐直立，起跳时上体可基本恢复到与地面垂直的姿态。

运动员在进行助跑时，动作要舒展，且富有弹性，跑动中提升身体的重心，但要保持平稳地移动。

摆动腿在跑动过程中膝盖弯曲，以使大腿部位抬升至与地面平行的位置，此时，前脚掌要有力并积极地着地，同时双臂配合双腿进行摆动。

助跑的准确性要求

为了能获得有节奏的助跑，从而进行有效起跳，运动员可在确定助跑距离及跑动步数后，在助跑道上做标记，这样可检测助跑的落脚点是否准确。助跑的标记分别放置在两个重要的位置上，一个是助跑的起点，另一个是与起跳板之间约有 6 ~ 8 步的距离上。助跑的步伐一般采用双数步。

丈量步点，一般采用从踏板开始反方向跑的方法，步与步之间的距离要均匀，在跑至一定步数时踏跳跃起，踏跳的位置可以标记为助跑起点，然后向沙坑方向再次助跑，以此来对照校正步点。

助跑之后的有效起跳直接关乎着比赛成绩的好坏。在助跑道上设置标点可提示运动员关键点所在。因此，在丈量步点时，可在最后6~8步的地方设立第二个标志点，有利于运动员踩踏起跳板起跳。有时，为了能够踏上起跳板起跳，有人会有意地将最后几步的助跑步长拉大或缩小，这样不仅破坏了助跑的节奏，同时也不利于发挥起跑的效果及速度的运用。在测试或比赛时，参赛者所选助跑距离的长短要根据跑道的性质、气候以及个人的身体状况、身心状况等进行具体调整。

起跳前的助跑节奏

起跳前最后的几步助跑要与之前的助跑节奏稍有变化。助跑的最后两步与起跳紧密相连，关乎能否快速完成有力的起跳。因此，在助跑进入起跳点倒数第二步的时候，应适当拉长步长，此时，身体重心略有下降，有利于快速起跳，而紧接着起跳点的最后一步助跑则要缩短步长。最后，身体重心快速移过支点后，并最大限度地发挥水平速度完成起跳。

起跳

从助跑中获得速度，并在起跳时最大限度地减少水平速度的消耗，从而完成快速、有力地起跳动作，是跳远能否获得理想成绩的关键所在。

起跳前最后一步的助跑，要用摆动腿做身体支撑，此时，身体的上肢是挺直的，起跳腿的大腿部位带动腿屈膝向前摆动。当摆动腿向地面施力以蹬离地面时，起跳脚快速地踏板，并将髋关节向前伸送。当身体重心恰好移动到起跳腿支撑点上方的瞬间，起跳腿的快速用力蹬直可使髋、膝、踝关节得以完全伸展开来，使得摆动腿在前摆的同时与双臂前摆动作积极配合，当手臂的大臂摆动到与肩同高的时候，应停止摆动动作。

起跳是助跑后身体得以适当角度腾空的过程。当起跳腿蹬离地面起跳后，身体的上肢与下肢要协同配合做摆动动作。在此过程中，身体的其他部位如头、腰、肩等都应当相应地做出摆动动作。

助跑提供的水平加速度，可转化成起跳后身体腾空的初

跳远起跳训练

速度，在身体重心随着腾空高度不断上移的同时，以达到尽可能的远度。

起跳过程可分着地、蹬伸和摆动三部分。高速助跑的最后一步就是准备起跳，为了获得快速的起跳速度，在起跳时要将前摆起跳腿的大腿抬得比短跑时低些，并进行下压，几乎是伸直腿快速着板。下落时后脚跟先着地，紧接着全脚掌着地支撑身体。起跳脚着地的刹那，受助跑水平速度的惯性以及身体重心的作用，运动员会有很大的负重感，此时，应弯曲起跳腿的髋、膝、踝关节，连同脊柱也一同弯曲，以缓冲起跳腿的压力，但要注意弯曲关节进行缓冲时，需合理地调试弯曲的幅度，太大或太小都会降低起跳效果。

当起跳后身体重心上移至起跳腿支撑点的垂直部位时，拉长的伸肌进行有力地伸缩后，带动髋、膝、踝三个关节进行蹬伸，同时保持上身的挺直，摆动腿的大腿部位向高抬起至水平位置，小腿则在摆动的过程中呈自然下垂状，完成整个跑跳动作。

起跳过程中的摆动动作主要是指摆动腿和两臂的摆动动作。两者的协同摆动对整个起跳动作的速度、幅度及蹬伸力量都有着至关重要的作用。摆动中两臂的摆动幅度根据各个环节技术要求的不同而有所区别，当双臂摆动至稍低于肩关节位置时，需立即停止摆臂动作，但摆动腿仍应当保持积极摆动的动作。摆动的刹那，会带来一个向下的力，它和起跳腿蹬地力的大小形成合力，影响着起跳效果。

腾空

起跳后身体处于腾空状态，此时，在空中进行的一定技术动作可延长落地时间，进而增加起跳的远度。当起跳脚踏上跳板起跳后，身体便会在空中呈弧形运动。此时，维持上体的稳定性，不要做大幅度的前倾或后仰动作。如果没有其他外力作用，身体重心的运动轨迹不会产生太大偏差，基本会沿着抛物线进行运动。不同的跳远技术决定着腾空后运用技术动作的不同。

在起跳身体刚处于腾空状态，也就是腾空初期时，人体在空中进行的姿势可称“腾空步”。腾空后，起跳腿的自然滞后，以及摆动腿和双臂的姿势就形成了“腾空步”。

起跳腾空后身体会自然做出跨步姿势的“腾空步”，无论以何种技术开始的起跳，在起跳的瞬间“腾空步”动作都会自然产生。起跳后，摆动腿的大腿向上抬至水平位置，同时

起跳腾空

起跳腾空

小腿保持自然下垂的状态，起跳腿在进行有力的蹬地运动后，会留在身体后面。在这个过程中，上体一直是挺直的，同时两臂延续助跑摆臂的姿势。

当运动员采用蹲踞式跳远时，落地之前要将双腿尽量向高抬至胸部位置后落地。此种方法的“腾空步”是在起跳后，摆动腿大腿继续高抬，双臂向前方摆动。当“腾空步”使身体达到腾空制高点时，起跳腿继续向前上方做摆动动作，同时向摆动腿靠拢，两腿在上提靠近胸部的同时，上体向前适当倾斜，两臂做下摆动作，身体可在空中通过身体部位的调整完成蹲踞姿势。准备落地时，小腿向前伸展，两臂向后摆动，在双腿前伸的时候，尽量用脚尖完成接地。

如果运动员采用的是挺身式跳远，起跳后下放摆动腿和双臂，将髋、胸的肌肉充分地伸展开来，进而完成收腹举腿落地的动作。

同样，挺身式跳远的空中动作是在“腾空步”后进行的，但相较于蹲踞式而言，它的“腾空步”保持时间较短。运动员起跳结束“腾空步”姿势后，展髋并将摆动腿的大腿向下、向后摆动，同时向滞留在后面的起跳腿靠近。在下肢摆动的过程中，双臂也进行侧后方挥摆再向上方振起的动作。此时，身体将臀部前送，带动胸、腰向前挺以形成挺身姿势，然后做收腹举腿动作，以两臂从后方向前摆起，再摆动到身后，两腿屈膝前收。准备下落时，要将小腿前伸，同时上体向前倾斜，做好下落的接地准备动作。

“腾空步”动作结束后，摆动腿会顺势做下摆动作，并带动小腿进行向前、向后方的弧形摆动。摆动使髋关节得以伸展的同时也使起跳腿在髋下折叠，进行向下后方摆动动作，胸腰向前挺起，两臂自然垂下，在空中形成展体挺身姿势。在腾空后准备下落的过程中，双臂由后上方摆起，逐渐摆动至胸前，之后再向回摆动，双腿向前摆起，并做收腹举腿动作。身体下落至沙坑之前，要将小腿前伸，上体向前倾，紧接着便准备落地动作。采用挺身式跳远进行空中挺身动作时，可使身体的体前肌拉长，更有利于进行后续的收腹举腿和伸腿落地动作，同时也能相应地延长落地时间，从而增加跳跃的远度。

目前，跳远普遍采用走步式技术。此种技术在腾空时采用两步半和三步半的动作技术，双腿在空中做大幅度的跨步和换腿动作，同时双臂做协调动作，以形成走步式姿势。

在走步式结束腾空步进入空中技术动作时，摆动腿由垂直向下的方位逐渐转变成向后方运动，同时起跳腿在髋下方折叠并向前抬腿，在空中完成换步动作。摆动腿在向前屈腿摆动的同时向起跳腿靠拢，以此完成空中两步半走步式跳远动作。在以上动作完成之后，摆动腿仍然要进行前摆动作，而且起跳腿向前摆动可使其逐渐靠拢摆动腿，进而在空中完成三步半走步式跳远动作。在身体腾空后，两臂做环绕摆动以配合双腿在空中的动作，可使身体重心保持平稳。在准备下落之前，上体前倾收腹，同时将小腿前伸抬起，两臂向下后方摆动，做好下落与落地技术动作的衔接。

落地

掌握好下落的落地动作，不仅能有效地减轻接地时的身体负担，避免身体受伤，同时也能延长落地点在沙坑中的位置，以增加跳跃距离。跳远的落地技术动作可分为前倒缓冲法、侧倒缓冲法、坐臀缓冲法三种。

跳远落地

我们可将跳远的落地动作分解为三部分进行。首先在着地前弯曲双腿并使大腿部位向上、向高抬起，使得膝盖逐渐向胸部位置靠拢，但需注意上体前倾的角度不要过大。身体即将着地时，将双腿伸直以使小腿前伸，以脚跟先触及沙坑表面；在脚跟触及地面的刹那，迅速弯曲膝盖或向前挺起腰腹，以缓解下降时带来的冲击力。

落地前要将双腿尽量前伸，以延长落足点与起跳点的距离，在双膝伸展的同时，上体要向前倾斜，但倾斜的角度不要过大，以免造成双腿过早落地影响比赛成绩。落地时，两脚平行靠拢，后脚跟先着地，随后再以整个脚掌支撑，同时向下对膝盖施加压力以降低下落的冲击力，臀部向前移动，两臂弯曲进行前后摆动，从而形成全蹲姿势，以臀部近腰处落在支撑点上完成落地动作。

正确运用落地动作技术，可有效地避免下落时带来的身体伤害，同时也有助于跳远成绩的提高。对于优秀的跳远运动员，他们不仅能有效地掌控跳远的关键技术动作，同时也能娴熟地运用下落技术。当然，这需要一定的积累。对于初学者而言，想要全方位地掌握它们还是有一定的难度，所以要循序渐进，逐步完善技术。初学者不妨先从前倒落地和侧倒落地技术开始学起。

所谓前倒落地，是指当脚后跟触及沙坑表面后，要向前脚掌施力，将其下压，此时后脚跟脱离沙坑表面，以膝盖着地，身体在惯性的作用下向前倾倒。而侧倒落地则是当脚后跟触及沙坑后，以一侧的腿承载下落时的负重，而另一侧的腿则相对轻松，身体在移过支撑点后向放松腿的一侧侧倒落地。

坐落地又称滑坐式落地，是近些年才开始使用的一种落地技术，由于它在比赛中有着比双脚落地更好的成绩表现，所以，应用范围逐渐扩大。许多专业运动员都优先采用此种下落技术。它的动作要领在于落地前通过送髋以前伸双腿，在脚后跟触及沙坑面后，借助惯性又将双脚抬起，使得身体能够继续向前运动，最后以臀部坐落于落地点的前面。

完整技术练习

分解练习之后，必然要进行连贯的完整技术实践性练习。助跑之前要做到准确丈量，这样可有效地在助跑道上做出标识，从而找准跳远关键点的所在位置。准确丈量后，要对关键的起跳点进行反复练习，不妨在每次助跑接近起跳板前多做几次起跳动作，并在起跳后继续向前跑动。训练中正确的起跳练习，有助于在正式试跳时对起跳节奏的掌握，因此，要以比赛的标准进行每一次的训练。丈量的步点进行三四次即可，不宜过多，否则会因体力消耗过多而影响正式试跳结果。如果进行中距离助跑起跳，可进行完整的腾空与落地动作。这样不仅能检测动作的连贯性，而且也能将关键动作紧密地衔接起来。

练习注意事项

在正式跳远练习之前，可先进行短距离的加速跑。跳远练习需将助跑速度及跳跃过程中动用的腿部力量结合起来，在两者都能达到良好的情况下，可对提高跳远成绩有着极大的帮助。

有节奏、快速地助跑之后，运动员能够准确地踏上起跳点，后面的腾空及下落动作才具有实际意义。由此可见，保证踏跳的准确性关乎着整个跳远动作的顺利进行。所以，要反复体会丈量后踩踏起跳板起跳的节奏。在此过程中，运动员还要将快速助跑与有力踏跳紧密地衔接起来，让动作变得更为流畅。

起跳腾空在空中进行技术动作时，要先从最为容易掌握的蹲踞式开始练习。作为基础动作的蹲踞式动作也曾在跳远比赛中创下辉煌的战绩，此种技术曾帮助男子跳远运动员创下 8 米以上跳远长度的世界纪录。

起跳腾空

二、跳远易产生的错误及纠正方法

助跑技术易产生的错误及纠正方法

助跑距离不当，过长或过短，不能在起跳时充分利用助跑速度，这是助跑技术最容易出错的一个地方。

造成此类现象最为主要的原因是缺乏练习，对助跑速度提升的时间及空间都没有做到准确把握。

因此，练习者要充分进行冲刺跑和助跑的练习，并结合自身身体条件选定合理的助跑距离，通过这种方式不断地训练，上述问题才会得到改善。

同样，助跑的加速度节奏不和谐，初期助跑加速明显，到中间时降低跑动速度，待到起跳之前又开始加速助跑，这样断续的加速也是助跑技术中常出现的问题之一。当然，助跑中最后几步出现减慢助跑也会影响起跳速度。

产生断续助跑的原因主要是缺乏冲刺跑的练习，而且对于均匀加速的节奏没有很好地掌握。反复进行一定距离的均匀加速跑练习对于改善断续助跑有着很好的帮助。

如果助跑的距离过长，或过早地进行起跳动作准备，对踏上起跳板顺利起跳的信心不足，都会造成起跳之前助跑速度减慢。如何充分利用助跑的加速度，达到快速、准确起跳呢？这需要练习者在心理层面加强自信，同时还要不断地加强助跑各个环节的训练，在比赛中克服犹豫不决的心理，排除顾虑，树立成功的信心。助跑的最后 4～6 步，加强后蹬，加快频率，争取在起跳时达到最大速度。

助跑步点不准确也是助跑过程中经常出现错误的地方。其主要原因是跑助起动方式不固定，助跑技术没有动力定型，节奏不稳定，受场地、天气状况和生理、心理因素影响。固定助跑的起动方式可有效地提前预防此种技术问题。每次助跑都以同一条腿迈出第一步，在专业人士的指导下确定步点和设置助跑检查标记，及时分析助跑中的各种情况，如助跑的距离、第一步的位置、踩标记的状况、起跳时的偏差等，通过反复练习，巩固助跑技术的动力定型，使自己助跑的步幅、步频与节奏都能相对稳定，在助跑的最后 6～8 步处设置第二检查标记，在练习中能自然准确地踏上此标记，在各种较复杂的环境中进行助跑练习，以提高适应环境的能力。

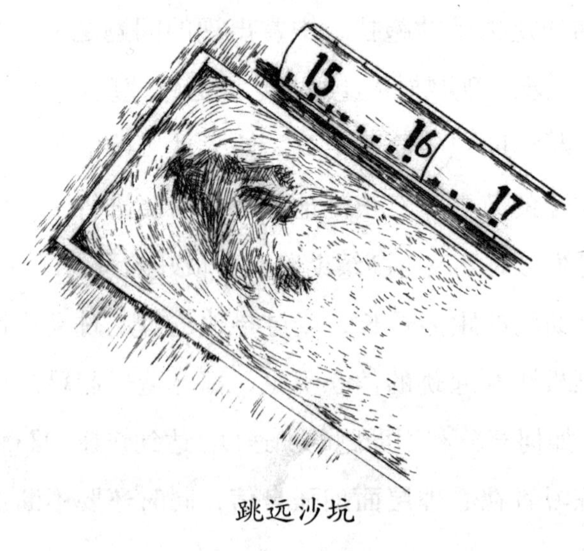

跳远沙坑

跳远训练

由于概念不清，有些人以为踩上板起跳才能让成绩达到最好，由此导致的凑步上板会因降速而影响跳远成绩，这种比较勉强的方法是不能在正式比赛和训练中使用的。

起跳技术易产生的错误及纠正方法

起跳时，由于缺乏本人最大速度所需时间和步调的认识与感知能力，助跑最后阶段的节奏容易发生紊乱，使得助跑倒数第二步身体重心下降过大，髋和膝关节深度弯曲，形成“坐”的姿势。

为了纠正助跑姿势，可反复进行短距离快速助跑起跳练习，增加速度直到最后一步，仍保持助跑的姿势，在助跑最后 4 ~ 6 步的地方，每一步的步点处都画上白色检查线，按正确的节奏，准确地踏上各条检查线。

除以上原因之外，起跳腿蹬伸不充分也是造成助跑技术运用不当的原因之一。当摆动腿前摆无力，髋部没有积极前送，起跳腿力量差，蹬地不充分，助跑的加速度也就不能均匀地进行。为了保证助跑的加速度，要加强起跳动作中的摆动腿快速前摆练习。做顶髋练习，在仰卧垫上，起跳腿放在30厘米的高处，顶髋带动摆动腿屈膝上摆，反复多次以体会顶髋摆腿动作。4～6步助跑起后，用头部触及前上方一定高度的悬挂物，要求起跳腿充分、迅速蹬伸，反复进行单足跳、跨步跳和适当的负重练习，以增强腿部力量。

当助跑进行到最后几步时，过早准备起跳动作，同时两腿蹬地用力不均匀，导致助跑路线偏斜，很容易造成起跳方向不正。要想纠正这一助跑技术的失误，不妨在助跑道上画一直线，练习者沿直线助跑，在起跳时起跳脚要放正，摆动腿自然前摆，目视正前方。

腾空技术易产生的错误及纠正方法

蹲踞式跳远腾空技术易犯的错误

练习者在踏上起跳板进行起跳时将头下垂或助跑最后一步过小造成起跳不充分，都会使上体过于前倾，腾空中身体运行不平稳，产生向前回旋。

在练习中反复做短、中程助跑跳远练习，要求起跳时上体正直，目视前上方。起跳腿起跳蹬伸要充分，保持“腾空步”

姿势，可以通过设置并越过离起跳板 1.5 ~ 2 米处的低障碍物后再向前收起跳腿，然后双腿并拢落入沙坑。

挺身式跳远腾空技术易犯的错误

挺身过早是挺身式跳远腾空技术易犯的错误之一。造成此种现象的原因在于起跳不充分，腾空步幅小，保持时间过短，摆动腿下放过早。在练习中反复做短、中程助跑跳远练习，起跳后以“腾空步”姿势越过高起跳板 1.5 ~ 2 米处的低障碍物后，再下放摆动腿并后摆，呈挺身展体姿势，然后收举双腿落入沙坑。

另外，挺身式跳远腾空中也会出现挺腹式挺身的技术错误。由于“腾空步”后，摆动腿下压后摆不积极，头部后仰，上体过于紧张而腹肌松弛无力，是造成此种错误的主要原因。练习中，可在双杠上支撑或在高单杠上悬挂，体会挺身动作各部位肌肉用力的感觉；短程助跑起跳，腾空时头部要正直，下放摆动腿时注意应先向下伸展髋部然后向后摆，腹部肌肉紧张用力，在空中呈挺胸展腹姿势，都能避免此种技术错误的产生。

走步式跳远腾空技术易犯的错误

由于换步时，不是以大腿带动小腿摆动，上、下肢动作配合不协调，造成空中两腿换步的幅度减小。

对于这种错误，同样可利用在双杠上支撑身体，或者悬挂在高单杠上的状态模仿空中走步动作，体会换步时应以大腿带动小腿做较大幅度的前后摆动动作，进而利用弹簧板做短、中程助跑跳远，在空中两腿大幅度摆动并与双肩的环绕摆动相配合，就可减少出现错误的概率。

另外，肩关节和髋关节灵活性差，肌肉用力过于僵硬，也会造成腾空动作僵硬，不协调。做各种转肩、转髋的练习，提高关节的灵活性，坐在鞍马上做上、下肢协调配合的摆动练习，可有效改善空中技术动作僵硬、不协调的状况。

落地技术易产生的错误及纠正方法

当腾空后身体失去平衡，上体过于前倾或者练习者腰腹肌力量和柔韧素质差，落地时小腿有时不能积极地前伸，是

跳远训练

落地过程中比较容易出错的地方。只要在练习中反复做立定跳远练习，落地时要求小腿积极前伸。短程助跑跳远练习，在沙坑内落地点画出一条标志线，落地时要求小腿前伸越过标志线，做仰卧举腿等多种练习，发展腰肌力量和柔韧素质，对于改正此种技术错误有着显著的效果。

落地时身体失控向后坐也是造成落地技术出错的一个原因。当脚跟着地后没有迅速屈膝使身体重心靠近支点，两臂配合摆动不够有力，是造成此种错误的根本所在。可以做各种发展髋、膝、踝关节灵活性的练习。落地缓冲时，两臂迅速有力地向前挥摆，牵拉身体重心快速移过支撑点，可规避此种错误技术动作的出现。

身体前旋

造成身体前旋的原因主要有三个方面。

一是起跳时身体过于前倾。起跳脚着板后产生的制动，使下肢向前的运动速度相对位于上体。如果腿和两臂的摆动不积极，就容易造成上体的前倾，形成前旋。

二是起跳时低头含胸。起跳蹬伸的同时必须要抬头挺胸。头部的运动对于整个身体的运动、平衡起到非常关键的作用。对于挺身式跳远而言，过早地向前收起跳腿，没有形成挺胸姿势，也是造成身体前旋的主要原因之一。

三是急于做着地动作。它也会造成身体前旋。从人的自我保护意识来看，腾空后身体会失去支撑，人们不是后仰，反而往往是屈体前趴，急于做着地动作，尤其初学者更是如此。这就很容易造成身体前旋。

在练习中多做起跳“腾空步”练习，可防止身体前旋。身体腾空后，头和上体的姿势要有意识地加以控制。

起跳可分为上一步起跳和助跑 3 ~ 5 步起跳，同时注意手臂的向上摆动。除此之外，多做立定跳远抛体练习也能纠正腾空后身体的前旋。做这一练习时，应在沙坑上放置跳高海绵垫。脚蹬离坑沿，做立定跳远向前抛体，两腿须伸直，两脚后跟尽量远伸，使肩和臀同时落在海绵垫上。

跳远训练

第七章

三级跳远

三级跳远

一、三级跳远基本动作要领

简单来说，在助跑之后，沿直线连续进行三次跳跃运动就是三级跳远。此项运动需要运动员具有良好的下肢和腰部协调能力，在跑动过程中对下肢的力量要求较高，所以，进行此种运动的运动员，其身体素质要比普通跳远项目运动员的要求更高。

三级跳远成绩主要取决于助跑时所获得的水平速度和各次起跳产生的垂直速度。在整个跳跃过程中，运动员要始终保持身体各部位的协调性。每次起跳的初速度，腾起的角度，空中身体姿势的平衡，三跳动作的衔接和合理的三跳远度比例、节奏等都对提高运动员的成绩有着重要的作用。所以，三级跳远要求运动员有快速的助跑速度和良好的弹跳力，以及强大的腿部力量和动作速度、跳跃速度等。

三级跳远的技术类型主要有三种。第一种是高跳型，也称力量型、单脚跳，这是较早的一种三级跳远技术。苏联运动员曾运用此种技术取得优异的成绩。此种技术特点是在第一跳的过程中将身体重心快速提高，并且腾跳的空中距离较远，连续三条的距离相差较大。

第二种是平跳型，也称速度型。它主要以速度取胜，起跳后身体向前，速度快，运行的重心轨迹低而平，第一、第

三跳的距离变化不大。

第三种是中间型，也称均衡型，是目前使用的三级跳技术。它的特点是在保证第一跳能跳出较远距离的情况下，仍能使第三跳增长距离。

三级跳远同普通跳远一样，也需注意助跑、起跳及落地技术。

三级跳远的助跑技术基本与急行跳远相似。它对于助跑距离的长短没有明确的规定，但以长距离的助跑为宜。助跑速度较快，跑跳动作连贯自然，与急行跳远相似。在助跑阶段，最后的几步助跑步幅需有所变化，比之前的步幅要小，同时要使倒数第二步助跑步幅比最后一步助跑步幅更长一些，在保证有力的最后几步助跑的同时，臂部也应向前上方快速摆动。

助跑之后进行的便是三级跳运动。在第一步起跳之后沿直线连续做三次的起跳动作，起跳的腾空动作包括单脚跳、跨步跳和跳跃。通常起跳的第一步要较其他两步稍长。

起跳脚踏上跳板进行第一跳时，运用的是单足跳，这样可以获得起跳后的远度，之后做第二跳准备。在“高速”助跑之后快速平跳出去，这一跳要有足够的腾起高度和一定的身体向前运动速度。起跳腿离地时，身体重心要随之前移，在空中保持跨步的姿势，并进行空中换步，此时，两臂与腿的协同配合可保持身体的平稳运行，落地时应有扒地动作，双臂做大幅度摆动，为第二跳的起跳做准备。

三级跳远的第二跳运用的是跨步跳，起跳后重心前移，双臂向后摆动，在快落地时，两臂刚好位于身体的后侧方，用摆动腿触地，而起跳腿向后伸展，在摆动腿以刨地式的落地形式为第三跳做好准备。

在结束前两跳之后，便进入第三跳的跳跃式起跳。起跳时以跨步跳的落地腿为起跳腿，双臂尽量上提，跳起后在空中做蹲踞式技术动作，或采用挺身式或走步式技术，摆动腿向起跳腿做合拢摆动，同时将双腿向高抬起，双臂后摆，双脚平行靠拢落入沙坑，落下时采用屈膝前倒的落地技术。

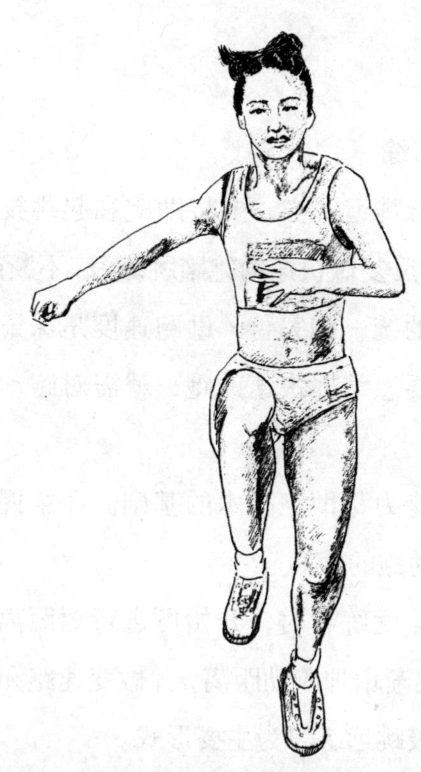

三级跳远训练

二、三级跳远训练及注意事项

三级跳远兼具了短跑、跳远、跨栏等运动项目的技术特点，所以在进行三级跳远的同时，也要对以上各阶段的动作有所了解。身体条件良好的运动员,除了利用自身的优势之外，也同样需要进行有效的训练，才能取得优异的成绩。

训练方法

助跑技术训练

三级跳远与跳远一样，要将助跑和起跳技术紧密地结合起来。为此,要反复做快速助跑踏跳练习,不断改进助跑技术，才能达到两者的统一和完善。助跑速度是保证起跳后高度的前提，为此，要想掌握快速助跑，就需对跑动速度进行足够的训练。

快速奔跑能力是助跑技术的基础。在掌握助跑步数和节奏后，可选择助跑的距离。

进行助跑速度练习时，开始可进行短距离的起跑和加速跑练习,随后逐渐增加跑动距离,并做变速跑和反复跑，以短、中程助跑的三级跳远练习为主要形式。

三级跳远训练

跳跃练习

在跑道上连续做缓跑三步或五步结合起跳的练习。练习者在分步进行各阶段动作之后，再将所有动作结合起来训练，练习完整动作的技术，有意识地在全套动作中合理运用它们。

跳跃练习的手段方法有很多，如助跑五级、十级单脚跳、单脚跳或两单一跨练习等。多做单足跳、跨步跳接跳远的练习，以增强腿部力量。

训练中，先进行水平跳跃练习，它是其他技术动作的基础动作，直接影响着三级跳远的技术动作。

为加强跳跃能力，可以做一些辅助练习，如双腿跳栏架、双脚跳皮筋、屈膝跳等。简单的练习项目有如下内容：

双脚跳栏架

训练中设置的栏架数应根据运动员的身体素质而定，并在训练中逐步增加栏架的高度和加长栏间的距离。运动员需双腿跨越平地上设置的障碍栏，依据训练水平和技术掌握情况决定训练强度。为了保证训练的安全性，可以将训练中栏架上的横栏换成皮筋。

屈膝跳

在原地上起跳，身体腾起后双腿屈膝上提身体高度，进行屈膝跳练习；当然，也可在行进中做屈腿跳练习。练习次数应根据运动员身体素质的不同进行合理安排。

跨步跳

进行跨步跳动作训练时，两腿的摆动与蹬伸要协调，起跳腿需完全伸展，身体腾起的高度要高，前摆抬腿积极，下落地做向后扒地动作，双臂配合腿部动作积极摆动，为接下来的跳跃做准备。领先腿在弯曲状态下做向内回收动作，同时起跳腿略摆动至体下。

三级跳远主要的特点是双腿进行两次落地后再起跳，所以，在练习中要进行单足积极扒地训练。着地腿积极的扒地动作和双臂及摆动腿相对的摆动动作有助于起跳能力的发挥。

单脚跳技术训练

初学者在进行单腿跳练习时，易将单腿跳做成跨步跳，在训练中采用一些辅助练习方法可以有效地改善这一现象。从原地单脚站立开始，进行单脚跳练习或原地单脚跳过橡皮筋练习等都可作为辅助的训练方法。而单腿多级跳跃的辅助练习不仅适用于改进单腿跳技术，同时也符合专项技术训练的基本要求，可以和各种不同的动作组合在一起应用。另外，跳跃练习中也要对应进行双臂摆动技术训练。

完整的技术练习与辅助练习

完整的三级跳远技术动作练习，要依据运动员技术掌握的熟练程度及身体素质合理地安排训练强度。在进行助跑训练时，可先进行短距离三级跳练习，随后逐步过渡到中等距离，

三级跳远落地训练

最后进入全程助跑练习中。在完整的技术练习期间，除了注意助跑、起跳点及速度训练外，还需加强双臂与双腿协同摆动技术训练。

加强奔跑速度和专项弹跳力连续跳跃能力的练习，可使跳跃的空中动作及起跳速度更为流畅、有力。针对力量进行的专项训练，可采用大强度爆发力来练习，在力量练习的同时结合大强度跳跃动作，可对助跑速度起到良好的影响效果。此种训练对于运动员的腹肌、背肌和腿部肌肉力量有较大的改善，同时也能保持其良好的肌肉柔韧性。

除此之外，杠铃快挺、负重沙背心跳跳箱、负重沙背心双脚跳台阶等是快速力量训练中常使用的训练方法。训练要有计划、有步骤地进行，根据运动员技术的掌握情况合理安排训练内容。在训练中,运动员所做的下肢负重练习需跳起来，这样做是为了使训练接近正式跳远时人体承受的力度。

技术注意事项

训练初期，要对整个三级跳远技术有个全面了解，同时对于关键的技术动作要多加留意，形成良好的三跳节奏和步子比例。

助跑后踏上起跳板起跳时，运动员要将腿尽量伸直，掌握好起跳时机，腾空压身收脚不要过早。

三跳中，要缩小大步的距离，增加大步的速度，保持身体正面向前，双手和双腿要做好协调配合动作。在准备第二跳时，要充分借助第一跳前的助跑速度，从而达到一定的腾空高度，但也不要过早地准备起跳动作，以免动作不到位而造成起跳不高或强行起跳。二跳的落地点距身体重心投影线过远，也会影响下一跳动作。

掌握好第三跳的节奏。在第二跳结束之后，立即要准备第三跳的起跳动作。需要注意的是，在进行第三跳时，要注意强调两臂和摆动腿的大幅度摆臂动作以及用于第三跳相对比较薄弱的弱腿。训练中要有针对性地在第三跳进行增强腿部力量的练习。

训练进入休整时期时，要相应地减少训练量，此时可以做一些课外活动以放松腹部和腿部肌肉，例如进行球类等活动就是一项很不错的恢复训练手段。

练习时要注意循序渐进，不要急于求成，以免局部负担过重造成伤害事故的发生。运动员在做负重的各种跳跃练习时，要有安全防范措施，运动时应穿着有弹性的运动鞋，以起到缓冲，保护腰、膝、踝关节的作用。

无论进行何种跳跃练习，要注意动作摆动幅度，当运动员能够大幅度地正确完成动作时，可相应地增加动作速度。

第八章

掷铁饼

掷铁饼

一、掷铁饼基本动作要领

掷铁饼所结合的动作内容较为复杂，包括人体的转动、平动和抛物线动作。它是运动员在投掷圈内以单手旋转身体在扇形区域将铁饼掷出的田径运动项目。

目前，运动员普遍采用的是背向旋转掷铁饼技术，它包含几个技术要点，从握法、预备知识和预摆、旋转到最后的用力和维持身体平衡等，都是保证形成有效投掷的关键部分。

本书以右手投掷为例，分别介绍背向旋转掷铁饼的所有技术动作。

握法

右手自然摊开，将铁饼放于手心处，拇指和手掌平靠于铁饼，其余四指紧扣铁饼一侧的边缘部位。握铁饼的肩部自然垂于体侧，手腕微屈，使铁饼的上缘自然靠于小臂，保持铁饼重心在食指和中指之间。

预备姿势和预摆

在投掷之前要摆好预备姿势，参赛者需将身体背对投掷方向，站在投掷圈内的后沿处。站立后将两脚分别置于投掷圈中线的两侧，两者之间的距离要超过肩宽。双脚可处于同

掷铁饼训练

一条直线上或将左脚略向后移动，身体重心最终会全部落在右腿上。两眼平视，非持饼臂自然下垂于体侧。

预摆的目的是获得旋转前的预先速度，使身体形成扭紧状态，加长铁饼的运行距离，使投掷者获得最有利的投掷状态。

进行左上右后摆饼时，在预备姿势站好后，持饼臂可在体侧进行轻微摆动；在摆至体侧后时，右脚进行有力蹬地，身体重心逐渐过渡到左腿上，持饼臂要奋力向左上方摆起，将铁饼向上送至与肩同高的位置。在回摆铁饼时，身体的扭动带动持饼臂向身体右后方做最大限度的摆动。在摆动过程中，身体重心也由左腿过渡到右腿上。右腿受力略微弯曲，上体稍向前倾，左臂向胸前靠拢，两眼平视前方。

在预备姿势做好后，进行体前左右摆饼动作时，持饼臂可在体侧进行小幅度的前后摆动。当铁饼被摆到体后时，同样做右脚蹬地动作，以身体带动持饼臂向左上方摆起，将铁饼摆至与肩同等高度位置处。当回摆铁饼时，持饼臂向身体右后方摆动，铁饼的高度约与肩平。此时，身体重心则完全过渡到右腿上。由于右腿承载了整个身体重量，腿部可做屈膝动作，这样可延长承载时间。上体向前微屈、前倾并向右扭转。左臂向胸前靠拢，两眼平视前方。

旋转和最后用力

预摆结束时，双腿进入屈膝状态，在身体重心降低的同时也将体重过渡到左腿上。左脚承载身体重量保持不动，以左脚前脚掌为轴，身体右侧向左侧弯曲、扭转。弯曲的右腿蹬地并快速向左侧转动，以右腿大腿发力带动整条腿绕左腿向投掷方向转动，此时应延长右脚的蹬地时间，右脚离地不应过高,保持自然弯曲状态。身体在左腿单支撑的情况下继续转动，同时以左脚向地面用力后蹬离地面，身体借助左脚的蹬地力量继续转动，直至进入腾空状态。但此状态要尽可能在不破坏运动节奏的情况下缩短这段时间，可用右脚的前脚掌进行快速着地动作，并向投掷圈中心附近靠近，在惯性的作用下继续做旋转动作，同时以右脚作为身体重量的支撑点，左脚随身体旋转向外伸展做弧形运动，以脚掌内侧着地，这样可形成投掷最后用力的预备姿势。此时，单腿支撑改为双腿支撑身体，右脚继续做蹬转动作，左臂顺势向投掷方向摆出。当身体的支撑点再次转到左腿时，在左臂的牵引下，右腿、腰、肩等部位也要迅速扭转并自上而下用力，持饼臂在爆发力的作用下向投掷区投掷铁饼，最后使铁饼顺时针转动向前飞行。

身体旋转和最后用力是整个技术动作的关键。身体由双腿支撑转换为左腿支撑，再到腾空之后又换成右脚单支撑，最终回到双腿支撑，完成了整个身体旋转过程。而身体的最后用力则是先进行蹬地转髋动作，进而再将转髋与蹬地动作结合在一起进行，紧接着进行转体、左侧支撑、挺胸、挥臂掷饼一系列连续动作。

身体在投掷过程中进行的旋转动作是为了使铁饼在较长运行路径中获得更大的速度。这个过程为最后用力创造了有利条件，同时保证最后用力爆发出的足够力量能获得较好的投掷距离，因为最后用力的爆发力直接决定着铁饼投掷的距离。

最后用力是掷铁饼最重要的技术动作，同时也是整个投掷过程难度最高的步骤。在最后用力的作用下，铁饼能以投掷后的加速度沿投掷轨迹向前运动，铁饼在扇形投掷区的落地位置通过丈量之后即为参赛者的比赛成绩。在最后用力阶段，人体用力距离越长，铁饼从中获得的力量越大，速度也越快，从而增大了铁饼脱离执饼手之后的初速度，在保证适宜的出手角度和飞行状态下，投掷后的铁饼会有一个较远的运动轨迹。

维持身体平衡

最后用力之后，铁饼脱离执饼手，参赛者应马上做出双腿交换动作，同时身体随着旋转惯性左转，以降低身体重心，保持身体处于平衡状态，避免踩踏或跌入违规区域，确保比赛成绩的有效性。

掷铁饼训练

二、掷铁饼训练

目前，在掷铁饼技术训练上，教练员可通过观看运动员比赛录像，对运动员的技术动作加以分析，同样，运动员也可以通过观看自己的训练录像,查找技术上的不足之处。当然，除了通过分析录像记录找出问题之外，运动员还可以在训练中运用镜子进行训练，也能起到很好的效果。无论利用何种方式进行训练，其目的只有一个，那就是让运动员在训练中及时了解自己的情况，在技术训练中善于发现和培养适合自身特点的风格，从而发挥其运动潜能。

运动员的训练，要做到合理、有计划、有步骤，可根据运动员身体素质的不同以及训练时间的长短，安排与之相适应的强度练习。

同时,也要注意训练的安全性,严格制定并执行安全措施,以确保每个人的人身安全。在保证安全的同时，还要做到有序训练，避免同时训练引发不安全的事故。

训练中，可以将技术练习与专项练习结合起来一起进行。专项练习主要与比赛中的基本动作密切相关，但也只与其中的一个或几个组成部分有关。通过两者结合训练的方式，运动员可以比较快地提升自身水平，前提训练是要有足够的针对性。

如果只是单一的某一环节技术的练习，可能导致整个技术动作脱节和技术上的欠缺和不足。所以，在分解练习之后，就要将相关的两个技术动作充分地衔接练习，这样才能使单独训练的成效发挥出来。

如果运动员身体素质良好，且技术掌握得也较为扎实，这种情况下，可以有针对性地专门进行大强度的力量训练，这样有利于集中提高成绩和姿态的可控性，并减少在投掷中受伤的概率。专项力量训练包括重器械练习、杠铃卧推、重力拉等训练。根据年龄段的不同，运动员进行的专项力量训练也会有所不同。

训练时，也要注意转肩、转体等技术动作的练习，同时也要学习握饼、摆饼、滚饼、抛饼的技术动作。在所有分解技术动作熟练掌握之后，运动员要将所有动作进行系统的训练。教练员需在训练中注重培养运动员的自信心及灵活创新、随机应变的能力。只有运动员的身心得到全面发展，这才是科学有效的训练方法。

铁饼运动项目虽然试投次数不多，但比赛间隔时间较长。随着比赛的进展，试掷次数也在逐渐较少，无形中也会增加运动员的心理压力，所以，及时调整心理状态，控制好情绪，对接下来顺利完成比赛起着至关重要的作用。

要想在紧张的比赛中进行快速的自我调整，就需在平常的练习中加强这方面的训练，同时也要在比赛中进行良好的心理暗示。在比赛之前，运动员需将自己整套动作要领在脑

海回顾一遍，以增加比赛时的自信心。

同时，身为参赛者，不要过于关注比赛的成绩，更不要将自己的比赛成绩与他人进行比较，这样可减轻参赛者在比赛中的压力，使其保持良好的心态，按照已有的技术水平赛出最佳成绩。

铁饼训练包括许多内容，除了身体素质、技术、心理等训练之外，恢复训练及战术训练也是其中的重要环节。训练中，要根据实际情况做出合理的训练安排，制定系统、有效的训练方案，这对提高运动员比赛成绩是很有帮助的。

掷铁饼训练

第九章

推铅球

推铅球

一、推铅球基本动作要领

铅球的技术发展是伴随着铅球历史而不断改进的，从最初的原地推球、侧向滑步推球，到后来的旋转推球以及现在普遍使用的背向滑步推球，每一次技术上的革新都为该项目注入了新的活力。

推铅球是将铅球以直线速度向前推送，而非以投掷的方式使铅球呈弧线运动轨迹向前运动。推的距离由出手的角度、速度、高度等因素构成。运动员肌肉的爆发力越大，铅球获得的初速度也就越大，飞行距离也会更远。要使铅球在推力的作用下运行得更远，单凭运动员的体力是不够的，球体的飞行路线还要符合抛物体运动的规律，这需要运动员运用全身各部位的力量才能实现。

铅球是以单手自肩向上推出的，身材高大的运动员可形成大的瞬间发力和更理想的推出角度，以较快的速度从高处将铅球推出。从这一点我们可以了解到，拥有良好的身体素质可帮助运动员完成高难度的技术动作，而且从某些方面来说，技术是建立在一定力量基础之上的。

简单来说，推铅球时运动员站在推掷圈中，单手持球放在肩上锁骨窝处，经滑步或旋转动作将铅球向肩上举起、推出，落到有效落地区域内。推掷过程中，下肢发力，通过腰腹用

推铅球训练

力与转动，最后以臂及手的爆发用力将球推出。

在整个推铅球的过程中，运动员可采用的方法有侧向式、背向式、旋转式，同时也包含了握球、预备姿势、滑步、最后用力、维持身体平衡五个阶段。

握球

运动员可使用三种推铅球的握球方法，即三指式、四指式和五指式。通常所使用的握球方法是将铅球重心置于手的中心。手掌自然摊开，五指中拇指与小指作用在铅球的两侧，其他手指的指跟与铅球靠紧，手腕向外侧弯曲，持球臂向上将铅球抬举至肩甲窝处，肘关节略低于肩或与肩同高，投掷臂放松。运动员将身体背向落地有效区，双脚处前后位置站在投掷圈后部，右脚站在投掷圈后缘，身体重量完全由右腿支撑，保持身体放松，两眼自然平视前方。

滑步

在最后用力之前进行的滑步动作是为了满足铅球在被推出之后能以一定的速度运行，为运动员在比赛中创造优异成绩提供了良好的条件。

滑步动作从预备姿势开始

在做滑步的预备动作时，运动员依据不同的技术进行相应的准备。背向预备姿势可分高姿势和低姿势两种。进行高姿势背向预备姿势准备时，运动员可背对铅球落地的有效区，双脚前后分开40厘米左右的距离，以右脚在前，右腿弯曲状站在圈内靠近后沿处。预摆时，右脚的脚尖或脚掌着地，左臂向身体内侧弯曲上举，并在大腿的带动下向后方摆起，上体前屈向右倾斜，将身体重量由双腿支撑转为右腿单腿支撑。身体向左侧扭转，左腿向后摆起至一定高度，上体前屈约与地面平行。高姿势对于腿部、腰背肌力量以及控制身体平衡的能力有较高的要求，但此种姿势能让人自然放松协调地进入滑步，因此被多数人使用。低姿势与高姿势不同之处在于：运动员在圈内站好后，腰部弯曲，身体前倾，左臂自然垂于体侧并向身体内侧靠拢，两眼看前下方。采用低姿势可避免出现身体失衡，但身体肌肉在滑步处于紧绷状态，得不到放松，右腿负担的重量大。

在进行侧向滑步预备姿势时，身体侧向投掷区域，两脚分开站立，右腿屈膝，脚尖指向左侧偏上位置，身体重量由右腿支撑，左腿微屈并以前脚掌内侧着地，左臂肘部弯曲并向胸前靠拢，上体向右倾斜。

滑步基本可分为侧向滑步和背向滑步两种，以右手推球为例，下面分别介绍这两种技术动作。

侧向滑步技术动作是从侧向预备姿势开始的。身体处于平衡状态下，左腿进行1～2次的预摆动作。腿回摆到靠近右腿时，紧接着向投掷方向摆出，以右脚蹬地，身体重心向左侧移动。右腿充分蹬直后迅速收小腿，沿地面向左滑进至圆圈中心附近，同时快速下落左脚，使其与右脚保持几乎同时落地的状态。前脚掌内侧先着地的同时,并与右脚弓成一直线，身体重量由右腿支撑。

背向滑步技术动作通常是以高姿势开始的，做1～2次预摆动作，在完成团身动作之后，将身体向后移动，左腿向抵趾板方向摆动，同时右腿用力蹬离地面，并将小腿收回。在此过程中，右脚做边收边向内转动作，最后落在投掷圈中心附近，此时，身体重量全部落在右腿上。左脚以前脚掌内侧着地，落于中线左侧靠近抵趾板处，同时为最后发力做最后准备。

进行滑步技术动作时，要注意掌握好滑步的速度和加速的过程。

积极将摆动腿带动髋部向投掷方向做摆动动作，做好非投掷臂和躯干配合下肢动作等是滑步技术动作中的关键。

推球

通过最后发力，将持球手中的铅球推出，从而完成推铅球活动。那么在最后发力及推球的过程当中，要注重技术的操作。

滑步推铅球基本技术

滑步动作结束后，改变右腿与髋的朝向，右脚在选好角度后，向投掷方向蹬转。在进行推球动作的同时，右腿的蹬转动作要协同身体其他部位完成，这样可以使铅球获得右腿蹬地提供的力量，同时左腿用力向上蹬直，使铅球获得向前和向上的力量。推球时动作的跟进力度要大，同时要维持身体的稳定。

在推铅球过程中，滑步的长短直接关系到最后用力动作所采用的技术动作。若滑步最后的步伐长度较先前滑行的步子长时，采用短长型最后用力技术；而滑行最后的步伐长度与先前步调一致时，则采用均匀型最后用力技术。

当执球手将铅球推出之后，身体重心要马上做出调整，以两脚交换，左腿向后抬举以维持身体平衡，避免犯规动作的出现。

旋转推铅球完整技术动作

旋转前，上体带动左臂及左肩做向右转体动作，双腿屈膝，身体重心全部转移到右腿上，为左转做好准备。旋转时，头部随身体一同转动，以左前脚掌为轴，双腿逐渐呈现弯曲状，这样就降低了身体的重心，并在转动的同时将重心转移到左腿上，右脚蹬离地面并围绕左腿向前转动，用于维持身体平衡的左臂自然抬起，以前脚掌着地，左髋做逆时针转动。左脚着地后，右脚的用力蹬转可带动右髋向前上方移动，以完成推铅球的最后动作。在旋转过程中，头部和左臂的动作对整个推球动作的完成起着至关重要的作用。

左腿到右髋的动作、身体左侧的配合动作等是最后用力的要点所在。滑步之后的最后用力技术的掌握情况直接关系比赛的最终结果。

推铅球训练

二、推铅球训练及注意事项

训练

在进行推掷训练之前要做一些热身运动，如扩胸等上肢活动，也可做压腿、跳跃、活动关节等，这样可避免在正式训练中造成肌肉拉伤等，以增强身体各部的柔韧性。身体的柔韧性可帮助运动员提升身体肌肉力量的利用率。

练习者可根据自身情况分别进行技术和力量上的练习，在专门的力量练习之后再进行技术上的练习，可让身体状态处于更灵敏舒畅的状态。要想将铅球推得更远，除了掌握娴熟的技术之外，力量的运用也是尤为关键的。

力量练习有很多的方式方法，应根据练习者身体素质的不同进行合理安排。对于非专业人士而言，简单的俯卧撑臂屈伸、双杠臂屈伸、哑铃练习、实心球练习等，都可对力量进行强化。练习实心球时，可进行单手、双手抛球，这也是较容易的练习方法，可快速使人掌握铅球的重量和体感。经过这些力量练习增强了臂力，增加了练习者最后用力的爆发力，进而达到训练的目的。练习者在完成力量训练后，可用10 ~ 15 分钟进行柔韧性练习，这样可以有效缓解疲劳。

技术练习包括姿势练习和完整技术练习。握球、持球、推球及滑步姿势等都是推掷过程的必经步骤。在具备一定基础后，练习者按规则进行完整的投掷练习，并做到自然、连贯。随着技术动作的娴熟，练习者可加大训练力度，提高训练节奏，针对各自不同的细节配以不同的训练方法和手段。在以改进与提升为目的的训练中，可做一些徒手模仿和圈内外背向滑步推铅球练习。训练时，可采用不同重量的铅球进行练习。

旋转式训练可增强练习者腿部、躯干和臂部肌肉的力量。练习者要注意自己的专项训练重点和技术掌握情况。

训练注意事项

由于铅球本身的重量大，所以，练习者在训练中除了要注意自身的安全外，还要避免对他人造成伤害。因为铅球在飞行过程中具有一定速度，如果砸向没有防护的人员，会造成严重的后果。因此，在练习推铅球过程中，练习者要认真

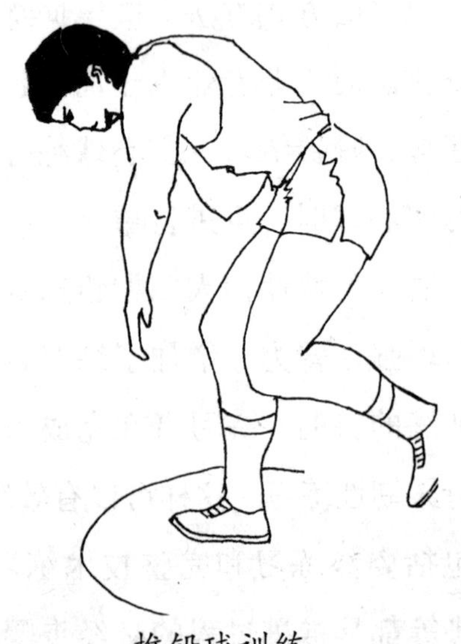

推铅球训练

听从教练的指挥和要求，投掷时应当密切关注场地的情况，以免事故的发生。

练习者要对铅球的比赛规则准确地了解，如果比赛中存在犯规动作，那么，不管铅球推得多远都会被视为无效成绩。练习者在训练中就应养成比赛意识，以规范的动作在规范的场地进行练习。

力量在整个推球过程中起着至关重要的作用，因此，练习者在学习技术之余要同时保证力量锻炼，特别是初学者，学习推铅球前，必须先具备一定的力量基础。推铅球练习中，推行技术与力量并重的原则。

训练中，练习者可就每个技术动作的特点加以认真体会，因为一旦在训练中习惯性地出现了技术错误，日后是难以改正的。进行技术练习的同时,要有针对性地安排一些力量练习。做滑步练习时，不要将动作分解得过于细致，应突出摆蹬动作的配合以及躯干和非投掷臂的配合。

常见的技术错误动作及纠正方法

练习者在训练中常出现几种错误姿势，肘下垂就是其中的一种。建立正确的持球技术概念，才能避免这种错误姿势的产生。另外滑步过程中，将身体重心过早地抬起，蹬摆不能紧密结合进行也是其中的一种错误姿势。在滑步过程中，视线要随着头部的转动再转向投掷方向，不要将视线过早地投向投掷方向，这样可避免身体重心过早前移，同时重心不要太高，以免造成蹬、摆不积极。

同样，最后用力时身体重心借力积极前送，支撑点不能有效维持身体平衡，做推出动作时仅靠手臂力量将铅球平行前送，这也是常见的技术错误。训练中，注意肌肉发力顺序，同时反复练习基础技术动作，体会身体用力到手臂用力的过渡，以此来避免此类错误的发生。

技术与力量的有效结合可以帮助运动员有效地完成比赛，对于比赛规定的正确理解，以防止比赛中因各种细节错误出现无效成绩。赛场上任何微小的细节问题，都可能给运动员带来严重影响。所以，练习者在平时训练时要对各方面加以重视，只有不断完善自我，才能有所突破。

推铅球训练

第十章

标枪

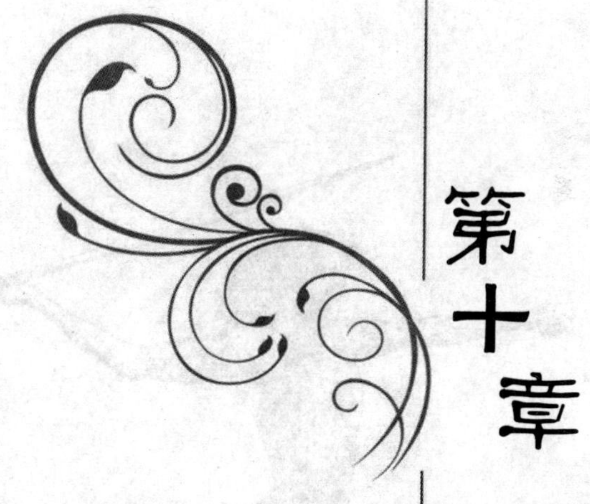

标　枪

一、标枪基本动作要领

具体说来，掷标枪是一整套的经过综合叠加之后达成的一次投掷，需要通过助跑、引枪和掷出等过程。其投掷顺序是将标枪以肩上位姿态持拿并进行持续助跑，在进入投掷区前转入投掷步伐，利用身体动能的加速加上跨步和腰身以及单臂的力量共同将标枪投出。掷出标枪时，要求运动员要以右腿蹬地，利用离心力的趋势将前甩的力量从腿部沿股、胯、腰、腹、肩、臂一直传递到拿枪的手指上。这个用力顺序不仅可以使全身大部分肌肉参加工作，而且保证运动员有较长的工作距离。

从技术结构上，投掷标枪可分为以下五个部分：

握枪

在专业运动领域，握枪通常分为现代式和普通式两种。现代式握枪方法主要是将标枪以一定的角度斜放在掌心上，大拇指和中指握标枪把手末端上沿，食指以较为自由的方式根据重心和出力的适宜角度放在枪身上，无名指和小指自然收紧握住把手。而普通式握枪方法则是由拇指和食指沿虎口握住标枪把的前沿处，其余手指按顺序握在把手上。

现代式握枪在当今世界比赛中是一种被更加广泛使用的

方式，这种方式在握法上更加有利于控制及掌握标枪出手的角度和飞行的稳定性，使飞行的距离得以有效增加，但是由于每个人的手掌大小不同，因此具体的位置需要根据自己的习惯及出力的角度与程度仔细摸索才能够熟练掌握，而普通式握枪相对来说是根据每个人抓握一件事物时最为本能的反应所形成的一种抓握方式。这种方式虽然不需要精确了解位置和对应的效果，但由于握法上的不科学使得手腕容易在投出标枪之前变得紧张，同时也会因为抓握的角度限制而受到影响，会直接影响投掷的质量。

持枪所指的是在助跑过程当中标枪相对于身体的位置，最为常见的类型主要有肩上持枪法、肩下持枪法和平肩持枪

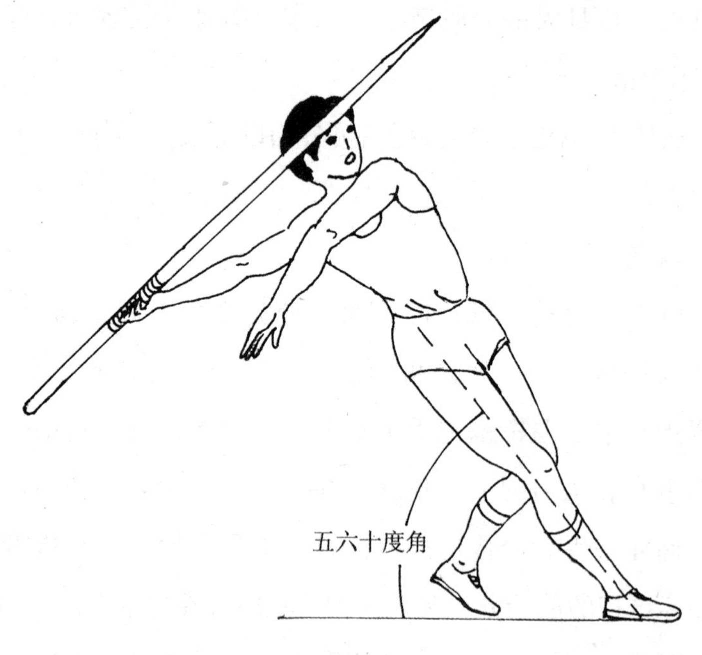

标枪训练

这三大类。目前，大多数运动员采用的是易于出手的肩上持枪法，这种方法具有一定的预备性，而且不用分心去操控助跑过程中枪身的角度可能干扰双腿的奔跑。这种持枪法比较有利于手腕的放松，且在出手时比较便于向后引枪，在出手角度的观测上同样也因为具有提前量而能够做出更准确的操作。

不过，一些在助跑方面比较具有优势的运动员都选择了肩下持枪法，这样比较有助于放低和保持整个身体的重心平衡，其助跑速度的发挥也因此更加彻底。因此，具体采用什么样的角度和位置持枪，要根据运动员的实际情况来决定。

助跑

助跑距离通常在 25 ~ 35 米，其目的是让身体和标枪具备一个初始的速度，同时也为了让其在空中能够飞行更远且提供足够的动能。助跑分为预跑阶段和投掷步阶段，从起跑点出发后，助跑的速度不仅要快，步伐也要保持稳定，这样才能够在最终标枪出手的时候保证更好的投掷效果。

助跑的预跑段占据了整个助跑区域的绝大部分，其运动范围在 16 ~ 20 米，可根据不同运动员的习惯而定，比较熟练的运动员通常跑完这一段距离需要使用 8 ~ 14 步。这段距离奔跑的主要目的就是为了加速，完成引枪和超越器械的工作，为最后的发力投掷提供预备。在预跑段跑动时，运动员上体应当保持稍向前倾，使身体的正面空气阻力减少以便于加速，在奔跑时应当尽量用前脚掌着地，这样能够最大限度地将双腿的运动行程增大且使后蹬的力量变强，以达到加速的效果，持枪臂和左臂配合跑的节奏摆动，保持身体动作协调一致，使速度满足进入投掷步的要求。

投掷步、预备、出手

投掷步的设置和持枪的方式一样，需要根据不同运动员的情况来具体设置，以专业运动员为例，通常这个阶段需要跨越 4 ~ 6 步，且速度要比预跑阶段更快。它与紧随其后发生的投掷出手等动作加起来，具体操作可分为以下四个部分：

首先，从预备助跑到投掷步之间的转换界限应当以左脚踏上第二标志线为标志，右脚积极向前迈进，但同时落地位置要稍微开始向右偏落，以使身体正面朝向角度向右侧偏移，同时右手开始进行引枪的准备，左臂自然摆动，眼睛目视前方，髋部则要正对着投掷的方向。

当右脚落地、左脚离地前迈时，髋部以双腿中分线为轴向右扭转，右肩同步继续向右转动完成引枪。整个身体的朝向转变为侧对前方的投掷目标区，在此过程中应当同时将枪身的纵轴调整到正对前方目标区的角度。

然后，左脚再次落地时，右腿自然弯曲，大腿带动小腿积极向前迈步，左腿动作稍微加快使右脚落地后双脚的踏步朝向形成交叉步，此时由于身体的转动使左臂自然摆至胸前，投掷臂则应处于近似伸直的角度并得到充分后引，右脚尖与投掷方向约成 45 度角，形成制动效果。此时，身体应当向后仰与地面形成一定的夹角，为投掷进行蓄力。

最后，摆置胸前的左臂进行引导，使整个身体所有向右扭转的部分都开始进行反方向扭转，利用脚至手指的连续反甩力量制造离心力，加上刚才奔跑中形成的惯性力量将标枪向前投出，最后用力的顺序依次为腿、髋、躯干、肩、肘、腕和指。标枪出手的适宜角度约30度至35度，与此同时，左腿要负起调控身体平衡并稳定出手状态、保持标枪出手速度的责任。

完成了全部的投掷动作之后，运动员要进行缓冲动作，将注意力从标枪转移到仍在惯性作用下向前奔走的身体上来，具体方法为降低身体重心，并继续利用方才整个身体向左拧转的余力将身体的面朝方向从正前方转向左侧来减弱前冲势头，并以大步距跨出一两步来停止向前运动，避免越线犯规。

标枪训练

二、标枪训练及注意事项

由于不同的竞技体育项目对于身体的锻炼角度各不相同，因此在运动当中可能形成的伤害也各有区别，加上不同运动员的训练方式和侧重点五花八门，这直接导致在体育锻炼、训练和比赛过程当中各种情况的产生，有些可能仅仅影响到成绩和发挥，但是有些有可能对身体造成较为严重的伤害。因此，运动过程中应做到科学、合理，避免出现意外情况或留下隐患，标枪运动也同样如此。

专项身体训练

专项身体训练是标枪运动员日常训练中最为基本的一项训练内容。针对标枪运动的特点以及可能运用到的身体部位，在前人总结的经验基础上，在熟练掌握它之前，练习者可进行针对性的训练，这不仅能够加强和加快练习者对标枪运动的适应性，同时也可以使练习者在进行正式训练时身体各个部位能够比较好地承受训练过程中产生的压力和疲劳。

标枪运动的专项身体训练内容主要包括以下几个方面：专项力量练习，即以双手和单手投掷重物来熟悉投掷的发力方式，其他还有如做仰卧拉举等利用器械来调整局部肌肉群的状态使之对这种用力方式保持记忆；专项速度练习，它主要用于保证比赛中运动员的助跑效果，其内容一般有短距离加速跑、持枪助跑练习及完整投掷流程练习等；专项柔韧性与灵活性练习，这是许多专项训练的基础，也是运动员基础能力当中比较重要的一项，具体操作表现为各种简单的体操动作和有针对性的柔韧性训练等，目的是增强整个身体的集中控制及状态调整能力；专项耐力训练，这种训练一般是柔韧性训练和力量训练的结合品，其中力量练习相对来说是重点所在，而耐力的强化，能够保证运动员在赛场上快速助跑之后还能保持足够的精神集中来完成准确、高效的投掷动作。

标枪训练

技术练习

在许多运动当中，技术动作的错误往往是造成人员受到伤害的主要原因，因此在训练过程中，技术动作的正确把握不仅仅意味着在比赛场上能够更加接近胜利，也同样代表着运动当中身体的感受和状态能否一直保持正常和健康。因此，练习者在对标枪运动进行相关训练时，也应当注意技法和幅度等与身体状况密切相关的问题。

前面我们已经提到，标枪是一种由多种内容共同组成的运动项目，其内容包括冲刺跑、急停、单手投掷等内容，所需锻炼项目除了基础的体能和身体操控能力之外，还要对器械的质地及状态进行充分掌握，所有的这些都需要练习者在反复练习中不断体会技术要领，并根据自身的条件和状态结合考量和实践之后才能够完好地在比赛当中达成完好的施展，因此，在力度适当的前提下，进行足量的训练其实是赛场上正常发挥最基本也是最关键的保证。

基础技术训练在标枪项目上具体包括助跑训练、投掷训练等，这些将会伴随一个标枪运动员的整个运动历程，但是在其运动生涯的不同时期，也要根据具体的状态来确定各种训练内容的比例和强度，只有这样才能够达到最佳的训练效果。

一般来讲，较为专业的运动员所进行的训练，最主要的是原地上步和短距离助跑插枪练习，以及利用上步接满弓、上步掷标枪、上三步接满弓和掷标枪等练习，掌握助跑和最后用力的衔接技术；持枪助跑和持枪交叉步跑练习；全程助跑掷枪练习等。

观察法技术训练，要求运动员在训练过程中要时刻了解和注意自己的技术动作正确与否，是否存在某种技术问题。由于训练是由运动员独自完成的，因此这项任务往往需要由教练或同伴来帮助完成，从旁人和自身的双重角度进行观察也可以得到更加全面和综合的观点，帮助运动员确定自身技术动作的完成情况。同时，运动员也要及时分析和解决训练中存在的所有问题，不断完善标枪投掷各个细节的技术和要领，形成最为正确的动力定型，为日后提高运动成绩打下良好的基础。

训练注意事项

在日常训练当中，一些问题是许多刚刚修习标枪项目的练习者经常出现的通病，本书将这些问题逐一列出，以供练习标枪的朋友参考、对照，并纠正和规避一些错误的认知。

持枪时，枪尖不要过于上斜，这不利于在助跑过程中保持枪身的稳定和平衡。

助跑要有节奏，对于助跑线路上的各个点位要找准，速度上要学会进行自我调控，交叉步的动作要避免太过僵硬。同时，在完整的投掷流程当中一定要保持心态的平和，不要过分注意单一某个阶段的动作要领是否执行得足够正确，这会分散注意力，容易导致投掷出手时目标判断失误。

投掷时，身体各个部位动作要协调，挥臂投掷虽然是整个标枪投掷过程当中最为重要的一个步骤，然而在此刻所使用的力度却不能仅限于手臂。只有充分运用身体的力量才能够将投掷的效果提升到最佳状态。同时要尽量掌握好出手的速度和角度，出手时身体不能过分后仰，最后用力阶段右腿要充分蹬伸。

诸如满弓、挥臂投枪、引标和交叉步阶段，由于对身体相关的肌肉组织要求较高，频繁进行单项训练或完整流程训练都很有可能导致这些部位发生损伤，同时由于惯性回馈的缘故，人体的相关运动关节也会发生一些磨损和受伤情况，练习者在训练时可以采用佩戴柔性的护腕、护肘、护膝等保护措施来进行规避，在休息的时候也要注意对这些重要部位进行按摩和放松，使疲劳部位得到有效缓解。

标枪运动的初学者，其枪在出手之后的状态往往会发生很多非正常的意外情况，譬如滑翔距离短、落地不扎地等现象会频繁出现。这主要是出手角度的拿捏出现了错误估计，解决这种问题一般需要通过较多的练习，或者由有经验的教练员进行妥善引导和传授，才能比较有效地克服。

在具体的改善练习方面，练习者应当多做原地和上步引枪练习，并有意识地强化助跑和引枪的结合，只有这样，才能更好地了解身体操控的诀窍和精神集中的方向。

标枪是所有运动器械中比较容易造成人员伤害的运动，因此，练习者在进行投掷训练时一定要注意自身和他人的安全，需在训练中形成自我保护的意识，并学会自我保护的方法。此外，教导和提醒都是必不可少的，应当让安全检查和谨慎操作形成固定习惯，杜绝训练过程中可能留下的任何安全隐患。

标枪比赛

第十一章

跨栏跑

跨栏跑

第一节　跨栏跑基本运动要领

基本特点

跨栏跑的特点是：跑速快，在跑动过程中连续跨越栏架。该项目对发展运动员的速度、灵敏性、柔韧性等身体素质非常有利。另外，它还能够提高运动员身体各部位动作的协调性和节奏感，并在训练中逐渐培养人们顽强的意志品质。

跨栏跑中，无论栏架的数量还是栏架之间的距离都有严格的规定，它是田径运动中技术比较复杂、节奏性比较强、锻炼价值比较高的项目。跨栏跑是短跑项目，所以，也可以被称为强度极限运动项目，跑动时，在保证高跑速的前提下，还要顺利完成跨越栏架动作。运动员进行跨栏跑时，上、下肢动作需协调、自然，脚步幅度大且频率快。虽然跨栏跑有不同的距离，而且根据项目不同，栏架高度及栏架间距也有差别，但是跨越栏架的技术是基本相同的。

动作要领

跨栏跑的完整技术包括五个部分。第一部分是从起跑到跨第一个栏架前，第二部分是在第一个栏架前的加速跑，第三部分是运动员跨越栏技术和栏间跑技术，第四部分是下最后一栏的冲刺跑阶段,第五部分是全程跑技术。这五个部分中，过栏技术相对于其他部分更为关键。过栏技术可分为三个阶段，第一个阶段是起跨，第二个阶段是腾空过栏，第三个阶段是下栏着地。

跨栏跑训练

合理的过栏技术要求

运动员在完成起跨动作时，能够得到比较大的水平速度，身体重心腾起角度不宜超过 15 度。

运动员在跨过栏架后，水平速度有所下降，但下降的幅度不大，过栏与栏间跑的动作保持连贯性。

运动员在完成起跨动作和下栏动作时，身体必须有较短的支撑姿势，这样做的目的是减少身体波动的幅度。

运动员在过栏时，身体每个关节的动作要力求积极，保持平衡，既要保持一定的动作幅度，还要能发挥较高的动作速度。

起跑技术

跨栏跑运动员需要掌握的技术结构与短跑运动员基本相同，除此之外，跨栏跑中的起跑至跨越第一个栏架技术是提高成绩的基本保证。

运动员需要在起跑至第一栏步点加以改进，不准在跑的过程中有拉大步或者倒小步的情况出现，究其原因如下：

运动员在起跑时，动作不协调，身体过于紧张，起跑后，前几步过小，后几步被迫拉大步，仓促进入加速跑阶段。

在加速跑时，运动员没有控制好身体的重心，尤其是重心抬起过早，步长增加过大，导致到达栏前不得不倒小步。

加速跑时，跑动不够稳定，尽管加速方式正确，但是起跨腿踏上起跨点的位置出现偏差。

以上错误动作的纠正方法

根据个人的实际情况，进行准确预算，确定起跑至第一栏的加速跑步数。

注意掌握跨栏跑的加速动作与短跑加速跑的区别，在日常训练中，反复练习，注意动作要领，固定步数，控制步点的准确性。

运动员在进行弯道栏起跑加速跑时，脚部动作不标准，双脚落点与跑步方向线发生严重偏离，同时，在跨越栏架时，出现身体扭转向外抛出的错误动作。其原因如下：

运动员需检查起跑器的安装位置，在日常训练中，加强弯道加速跑练习。

运动员的摆动腿在完成过栏动作时，摆动路线不正确，出现向右偏的现象，起跨腿蹬地的方向和力量存在严重失误，向前提拉速度不快且幅度不够大。

运动员在跨越栏架时，双臂配合摆动不协调，身体内侧幅度不够。

跨栏技术错误动作的纠正方法

在日常训练中，运动员应加强弯道栏加速跑的练习，以及过栏技术的掌握。在进行过栏训练时，注意身体主动向左倾斜，加强摆动腿的控制，在完成下栏动作时，保证摆动腿向左侧用力。当起跨腿开始进行提拉动作时，大腿与小腿的动作需协调配合，充分折叠收紧，向身体中线摆动，幅度以大为宜，特别是起跨腿膝关节提至身体中线是至关重要的。

学习并熟练掌握弯道起跑器的安装方法，加强起跑训练，特别是弯道蹲踞式起跑加速跑技术的练习，在实践中牢牢掌握动作要领，以及身体各部位关节的发力变化，尤其需要注意在加速跑中利用身体倾斜的向心力顺利地跨过第一栏。

运动员可以先在起跑点至起跨点之间设定一条直线，起跑后，尽量将双脚的落点靠近这条直线，结合加快跑速后的身体向内倾斜，反复练习。在这一过程中，运动员认真感受弯道加速跑的动作特点，以及身体各部位关节的力量变化，根据实际需要，还可以用白灰画一条正确的跑线，双脚踏于其上进行加速跑练习。

第二节　跨栏跑运动注意事项

历史沿革

跨栏跑在发展的最初阶段，栏架是埋在地下的栅栏，运动员要从这些栅栏上跳过去完成比赛，所以，那时的跨栏跑更像是跳栏跑。后来，该项目被不断地改进，栏架底座改呈“X”形，类似锯木头用的支架，这种形式的栏架对于运动员来说具有一定的危险性。20世纪初，栏架发展成为单个的，底座呈“⊥”形。1935年，栏架又被改为底座呈“L”形，并一直沿用至今，这种栏架的好处是能够轻易翻倒，对运动员没有危险性。

个人安全

训练时要注意安全，特别是要保护运动员的踝关节，避免受伤，具体做法如下：

在训练过程中，注意保持前脚掌着地，控制好重心，使之处于偏上的位置。

运动员在完成提拉起跨腿动作时，提与拉需同时进行。

提拉起跨腿在身体前呈高抬状。

运动员在过栏时，除了要注意双腿的剪绞动作外，还要使上、下肢的动作更具协调性。

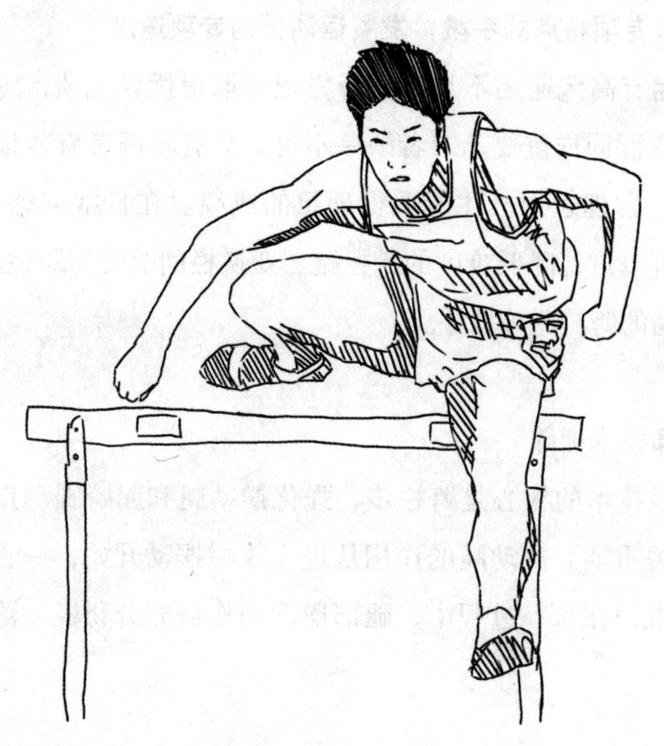

跨栏跑训练

训练要点

训练运动员的平跑速度

日常训练中应加强短跑训练。在进行平跑训练时，运动员应注意两点，一是重心高，二是频率快。练习方法有：短距离跑，跑程可控制在50米左右；练习下坡跑，坡度可控制在50度左右；进行高抬腿跑，根据个人实际情况，频率以快为宜。

结合专项特点的手段，发展运动员的专项速度

只拥有高跑速还不足以在跨栏跑中取得优异成绩，跨栏技术的掌握同样重要，二者缺一不可，只有将两者有效地结合起来，合理运用，才能取得理想的成绩。在日常训练中，运动员可以进行降低难度的跨栏跑、变换栏间节奏的跨栏跑、变换栏高的跨栏跑等训练。

专项技术训练

跨栏技术的核心是跨栏步，强化摆动腿和起跨腿动作的训练至关重要。摆动腿的作用从进入攻栏摆动开始，一直到落地结束，在这一过程中，腿部摆动动作需充分积极，落地以快为宜。

保持频率

体育训练是一个循序渐进的过程，它需要运动员坚定的决心与持之以恒的精神。只有通过长期的刻苦练习，运动员才能不断积累经验，最终在跨栏跑项目中取得理想的成绩。另外，由于运动员的心理素质对其运动技能的发挥有着非常大的影响，所以在训练中，运动员需自查不足，并找出解决问题的方法，增强自信心，同时，要经常组织对抗赛，从中体会成功与失败的感觉，正确评估实力，克服心理障碍。

跨栏跑训练

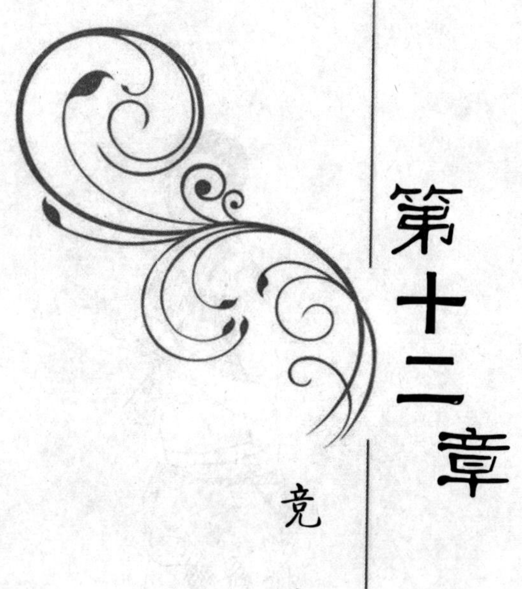

第十二章

竞走

竞 走

第一节 竞走运动基本动作要领

基本方式

竞走需双脚自然摆动，且步幅宽，变换频率快，身体在双腿向前迈动的过程中摆动幅度较小。在双脚不断交换的过程中，身体可快速地向前移动，实效性高。竞走动作要保持自然、协调，而且掌握好走动的节奏感，这样可节省体力，高效地完成整个规定路程。

技术特色

按照一般的步速，每小时我们可以行走约 5 公里的路程，而竞走要较普通的步速快得多，约是普通步速的 1 倍以上。竞走规则要求运动员在竞走时保持支撑腿的垂直，膝盖不能弯曲，从单脚支撑过渡到双脚支撑。在摆动腿后脚跟落地之前，支撑腿的脚尖不得离开地面，以保证双脚支撑，避免出现腾空现象，这也是竞走与跑步最主要的不同之处。

竞走训练

竞走的快慢与双脚交换的频率及步长有关。竞走每分钟迈出的步子大约是普通走的2倍，一名优秀的竞走运动员每分钟的步子可达到200步以上。当然，普通走的步长也是无法与竞走相比较的，一名身材高大的运动员迈出的竞走步长可达120厘米左右。

竞走不仅在步长与速度上较普通走有优势，同时，在时间上也是普通走不能比拟的。普通走迈出一步所需的时间在竞走当中几乎已经完成了两步。竞走的步长和步频是相互制约的。步长加大，就会相应地降低步频，当然步频加大，会相应地缩短步长，两者形成了相互制约关系。在保证一定步长的同时，提高双腿的交换频率，对于提高竞走比赛成绩能起到很好的作用。过分加大步长，不仅会给肌肉造成负担，增加肌肉的紧绷感，同时也会耗费过多的体力，很快便将身体带入疲劳状态中，在步频无法提升的同时，影响了比赛的成绩。加快步频是通过腿部肌肉的力量以及中枢神经系统做出反应后以达到提升速度，存在较大的潜在能量，只要被正确地激发，便可容易达到理想效果。

竞走中的单脚支撑和双脚支撑存在着一定的差异，在时间上，单脚支撑要较双脚支撑的时间长得多。如果想提升竞走的速度，必须缩短单脚支撑和双脚支撑的时间，尤其是缩短双脚支撑的时间。

在普通走步的基础上发展起来的竞走，与走步还有所不同。竞走要求步频快，步幅大，其突出特点是垂直转动的幅度较大，支撑腿需保持垂直状态，后蹬要迅速有力。

第二节　竞走比赛

场上规则

运动员在比赛途中出现违规迹象之前，裁判会在赛道旁向其出示白牌以示警告，并通告给主裁判。但该名裁判不能第二次对此名运动员相同的犯规行为予以第二次警告。裁判员取消某一竞走运动员参赛资格的提议是严重警告。无论比赛进入哪一阶段，如果运动员出现腾空或支撑腿弯曲的状况，裁判应立即向该名运动员给予严重警告。若一名运动员收到3名不同裁判员的严重警告时，他将被罚下比赛场地。竞走运动员在违规被罚下比赛场地后，要立即离开跑道，以免影响其他参赛者进行比赛。公路竞走时，被取消资格的运动员应立即除下号码布，并离开比赛路线。

场地要求

在超过10公里竞走距离后，要在比赛作业中设立饮料站。饮料站起点开始以均匀的距离分布在赛道旁。此外，还应根据天气情况变化可在两个饮料站中间设置一个或多个供应水的饮水站。饮料可由组委会提供或运动员自备，自备饮料放在运动员指定的饮料站，由组委会派员监管。

注意事项

竞走过程中，单脚支撑与双脚支撑进行交替，两腿做不间断周期性运动，竞走属田径项目中的耐力项目，竞走要求动作自然、协调、平稳，而且步调节奏快，双脚不能同时离地，支撑腿膝盖不能弯曲，特别是支撑腿在垂直步位时必须伸直。

第十三章 马拉松

马拉松

第一节　马拉松运动基本动作要领

马拉松跑的技术与长跑中运用的技术大致相同。但由于它的距离较长，并且是在地形不一的公路上进行的，因此存在自己独有的特色。

运动员在跑动时，要将上体稍微向前倾斜或保持直立状态。作用在地面上的后蹬力量较小，大腿做向上摆动的幅度较小。从外形上看，蹬地后小腿向上摆的动作比长跑小些。运动员在向前跑动时，跨出的步子不应过大，尽量使落脚点靠近身体重心的投影点处。脚在落地时，可选择全脚掌着地，也可先用脚的外侧着地，然后再过渡到全脚掌。着地时应柔和而有弹性，腿应很好的弯曲、缓冲。双臂协同两腿摆动，摆动的幅度不应过大。在加速跑、终点冲刺和上坡跑时，双腿及双臂要积极地进行摆动，提升跑动速度。两腿的跨度及摆动频率与运动员的身高、体重以及训练水平有关，跑动时要根据自身实际情况对路线进行合理规划。根据途中地形的

不同选用适宜的跑动步调，以保证比较均匀的速度完成比赛。跑动时注意调整呼吸的节奏，以适宜的深度进行呼气。

当从斜坡向上跑时，运动员上体要向前倾斜，缩短两脚之间的跨度，加快换步的频率，双臂配合双腿做积极摆动，用前脚掌落地。顺着较陡斜坡往下跑时，可加大双脚之间的跨度，利用全脚掌或脚跟着地。跑动过程中，运动员应将身体稍向后微仰。在向下牵引力的作用下，要控制跑动的速度。

在马拉松跑的过程中，运动员要保持动作的协调性，同时，尽量减少体力的消耗，做到均匀跑动，在地形起伏的公路上注意改变跑的动作。由于马拉松是长距离跑动，所以在跑动过程中应注意技术的运用及体力的消耗，保证动作的节奏感及协调性。在平时训练中，运动员要注重体会技术动作，并进行反复练习，以提高运动成绩。

第二节 马拉松运动注意事项

脚部保护

参加马拉松跑锻炼时，穿着的鞋、跑动的姿势、练习的场地等直接关系着训练的效果，而运动员脚上的伤痛对其造成的影响可能更大一些，所以长跑锻炼要对脚部进行保护。那么，如何对马拉松运动员的脚部进行保护呢？在实际训练中注意以下几点就可有效地对脚部进行保护。

训练时，尽量选择松软的场地进行跑动，不宜在坚硬的水泥地面上做跑步练习。选择沿坡向上跑时，要增大前脚掌的受力，上体稍微向前倾斜，缩短两脚之间的跨度，加强后蹬力。在从稍陡的坡上下来时，要将身体微向后仰，用脚跟先着地，然后再由全脚掌支撑身体重量，注意控制下降速度，以免跑动过快时身体失去平衡而发生危险。

不要选择硬底鞋，尽量穿底子较软较厚的鞋，有助于脚部的保护。如果选择的路线是柏油马路，那么，准备一双垫

有厚海绵垫的胶鞋是十分必要的。在跑动中，脚底承受了来自地面的反作用力，如果跑鞋过硬的话，它无法有效地降低作用力对脚底的冲击，从而造成脚部伤害。而垫有厚海绵垫的胶鞋就可将来自地面的反作用力最大可能地消耗了，从而降低了地面反作用力对脚底的冲击，降低了脚部损伤的可能性。当跑动的路线上有坑洼等不平的地段时，富有弹性的海绵可减轻脚底的不适感，即使踩到坚硬的石子等也不会感到太过疼痛。一双合适的跑鞋对于马拉松运动的训练是很关键的，为此，在训练时要注意鞋的舒适度，保护好双脚。

除了注重双脚的保护外，跑动姿势的科学性对于提高比赛成绩也是尤为关键的。跑动落脚时，要避免后脚跟先着地，应该用前脚掌先着地，这样可充分发挥脚弓的弹性，减少地面对脚部的冲击力，降低了向前跑动的阻力。在跑动不是特别激烈的地段，要尽量舒展腿的后蹬力，利用好缓冲力量以减少体力的消耗，这样可使跑动看起来轻松、自然，同时还能减轻脚的负担，避免产生伤痛。

跑步时，鞋带不宜系得过紧，否则会影响脚部的血液循环，平常可多用热水泡脚，这样可增强脚部关节韧带的弹性及柔韧性，同时也能减少脚部伤痛的发生。对脚部的保护需从多方面入手，在平常的练习及生活中都要引起重视，这样才能避免脚部伤害的发生。

呼吸技巧

马拉松运动是一个长距离跑项目，需要运动员有足够的耐力及良好的身体素质。长跑时，因为肌肉活动剧烈，需要的氧气增多，所以要加大呼吸的频率，因此，掌握正确的呼吸节奏对于促进体内气体交换和血液循环是很有帮助的，同时也避免了身体过早出现劳累现象而难以完成比赛。

如何在进行长距离跑动的过程中，保持呼吸的畅通呢？只单一的用鼻或口呼吸并不能完全满足长距离跑动中体内氧气的需求量。采用口鼻并用呼吸法，可有效解决跑动过程中体内有关氧气的需求。

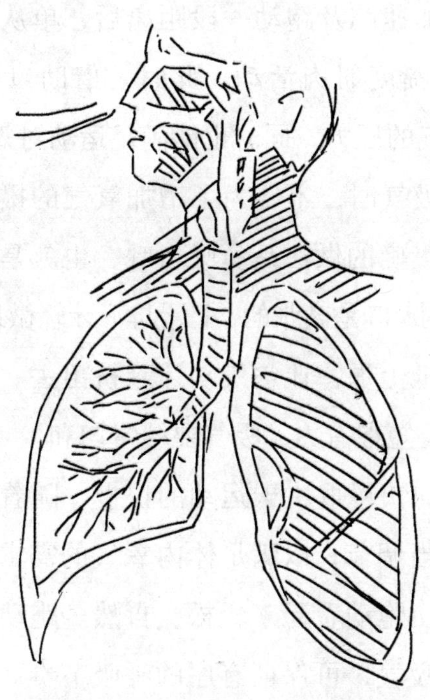

马拉松长跑呼吸示意图

一般来说，在开始起跑阶段或跑动频率较慢时，尤其是在冬天寒冷的气候条件下进行长跑练习时，应该用鼻呼吸。因为鼻腔血管可将吸进的空气温度提高，鼻黏膜分泌的液体增加了空气的湿度，鼻毛和鼻黏膜的分泌液还能阻隔细菌、灰尘进入呼吸道，对呼吸道形成了保护。此时，选择用口呼吸，虽然增加了氧气的摄入量，但冷空气进入气管和咽喉部位，很容易引起咳嗽、腹痛等病症，不利于身心健康。同时，用口吸进的空气在没有经过过滤后就直接由咽喉进入体内，含有细菌及尘埃的气体很容易引发身体不适，并导致身体疾病的产生。

不过，在加速跑及跑动一段距离后，单从鼻子吸进的氧气很难满足大幅度肌肉活动。此时，借助口中吸进的氧气可减轻鼻子吸气的压力，同时也能满足运动对氧气的需求量。

口鼻并用吸气时，不要为了增加氧气的摄入量而刻意将口张得很大，正确的做法是鼻吸口呼，也就是只用口向外呼气。进行口呼时，口是微张的，上牙与下牙轻微地咬合在一起，舌尖上卷，轻抵上颚，让空气从牙缝挤出去。呼吸要均匀而有节奏，呼气要短促有力，吸气要缓慢匀和。

呼吸节奏的快慢取决于运动的快慢。随着跑动的幅度可对呼吸进行适当调节，以满足体内氧气的需求量，维持正常的跑动动作，使跑动看起来轻松、自然。跑动两步或三步配合一次呼气或吸气，可保证有序的呼吸节奏。当然，在加速及冲刺阶段，要随着步伐的加快增加呼吸的深度和节奏。

马拉松长跑对身体素质的提高能起到很好的辅助作用，是一项有益的体育项目，但需要注重技巧的运用，否则会使身体感到疲倦，反而增加了身体负担。因此，长跑前做好准备活动，调节呼吸的节奏，是很有必要的。

长跑前做适当的热身运动，可使肌肉放松，不至于在跑动过程中因肌肉的紧张造成拉伤。由于跑步对膝关节压力较大，因此要加强膝关节的热身。

对于有氧代谢运动，人体的各器官都参与了运动的循环工作，尤其是呼吸系统，更是保证体内氧气摄入的关键。为此，在跑步过程中，要随着跑动节奏适当地调节呼吸频率，以保证肌肉运动对氧气的需求量。通常情况下，采用四步一呼吸方法可满足跑动过程中人体对氧气的需求量，在不增加肺部压力的同时，要尽量始终保持这一节奏。在呼吸方式上，以鼻呼、口鼻混合吸较好。

在马拉松长跑起跑时，由于氧气的供应暂时还不能适应身体的运动，此时，人会感觉胸闷、腿沉、气喘等，尤其是锻炼少的人此种感觉更为强烈，但这是正常的。如果情况严重，应马上停止运动，在步行一段距离后，待不适感有所缓解后，再进行跑动。

长跑结束后也要进行一段距离的慢步走。马拉松长跑后不要马上停下来休息。跑步后，人体各部分都得到充分运动，此时，应经过一段距离的慢步走后将身体慢慢放松下来，直至全身彻底放松后，再进行其他部位的活动，如腰、腹、腿等的活动。

掌握跑步时呼吸节奏的调整，对于整个跑动过程是尤为关键的一个环节，有助于体力的节省及成绩的提高。

初学者在刚进行马拉松长跑练习时，会无意识地憋气，喘粗气跑。造成此种现象的原因是由于训练者自身紧张，导致呼吸不畅、胸部和肌肉紧张，直接引起心肺等胸腔内的脏器受到压迫，从而形成憋气，喘粗气跑步。由于憋气、喘粗气，肌肉得不到放松，体内组织间的交换受到了限制，尤其是在氧气供应不足的情况下，肌肉中的乳酸浓度快速提高，使身体提前进入疲劳状态中，影响训练的效果。另外，肌肉紧张使动作的准确性、连贯性以及奔跑速度都受到了制约。

练习者在跑动过程中不能随着步调调整呼吸的频率，影响训练效果。步调与呼吸的不协调导致训练处于尴尬的境地，练习者本身感到十分吃力，而指导者也不能马上对其错误进行有效纠正。因此，进行有节奏的训练，掌握呼气的节奏，是十分必要的。通常训练中使用的呼气方法有两种，一种是跑动一步进行呼气或吸气，另一种是跑动两步进行呼气或吸气。呼吸的节奏需与步调紧密配合，对于初学者而言，刚开始很难完全地掌握呼吸的节奏，而且吸气的深度以及呼气都达不到理想状态，奔跑时出现吸气快、动作慢、喘粗气、奔跑节奏感不强等都是常见的问题。为此，初学者要对呼吸节奏及跑动步调进行反复练习，以克服自己在跑步时出现喘粗气、憋气跑的现象。

当然，对于处在初级练习阶段的练习者，要求完全符合步调与呼吸一致是相当困难的。所以，不妨降低训练要求，只要在跑动过程中保持自然呼吸就可以了，而在随后的训练中可逐渐提升训练要求。过于强调呼吸与步子的配合，可能导致练习者进行刻意地呼吸动作，从而使身体僵硬，整个动作看起来做作、不协调，此时根本谈不上呼吸与步子的紧密配合或呼吸的柔和细长。所以在初期训练阶段，练习者应强调自然呼吸，尽量消除紧张感，保持身体放松，在此基础上再强化呼吸与步子的配合。

当练习者逐渐掌握长跑技术动作后，对呼吸与步调的配合就应有更高的要求。呼吸与步子的紧密配合，可使练习者的跑动姿势更为流畅、轻松，有助于比赛成绩的提高。同时，它还缩短了“极点”出现的时间，降低了“极点”带来的反应。马拉松长跑的成绩与“极点”有着紧密的联系，而呼吸节奏的好坏对其也会产生重要的影响。注重呼吸与步子的配合,克服“极点”产生的反应是马拉松训练中首要的两个环节。

把握节奏

初学者对于长跑中出现的疲劳以及“极点”现象往往不能给予正确的判断，以致影响训练效果，甚至危及身体健康。

在准备活动结束之后进行长跑，有时人也会感到双腿沉重,跑动吃力,呼吸节奏不稳等现象。如果身体没有疾病,那么,很可能是前阶段进行的长跑超出了身体的承受能力，使得再

次进行长跑感到疲劳。如果此时仍选择拼命地奔跑，会使身体的疲劳感累积到一起，从而出现急躁、行动滞后、思维混乱等现象，影响正常的生活、工作秩序。

为了避免此种现象的发生，练习者就要在跑动中注意自身的身体变化，凡出现持续性口渴，肌肉、关节等部位疼痛，并且在剧烈活动中疼痛感加剧时，就立即应停止活动。同样，在跑动后经过一整晚的休息，第二天仍感到疲劳，或入睡困难、沉睡不醒，这些都是身体过于疲劳的信号。当身体出现上述症状后，练习者应停止长跑活动，进行适当的休息，待身体及精神都处于良好状态下再继续活动，如果选择置之不理，那么，很有可能发生意外。

初学者在进行长跑练习时，有时会出现胸闷气喘、心率加快、四肢无力等不同程度的难受感，这些不适症状就是“极点”。之所以会产生“极点”，主要是由于身体各器官机能暂时失调所致。当人进行剧烈运动时，身体内部器官并不能随着运动速度的加剧而马上做出反应，滞后的器官机能很难满足氧气的需求量以及机体交换所需的营养物质，从而导致体内酸性物质堆积，降低了心肺及其他器官机能的正常运行。突破“极点”的方法就是运动员需坚持进行跑动，这样可突破内脏器官活动的惰性，从而提高供氧量，降低血乳酸浓度，使身体能够在良好状态下进行加速跑动。

身体健康状况良好的情况下出现“极点”是正常的生理现象，对机体没有不良影响，只要坚持跑动一段距离后便可将不适感消除。

克服和防止“极点”需要注意以下几点：首先，要在长跑前将准备活动做好，这样可激发中枢神经系统的兴奋性，使身体机能活动活跃，为长跑做好体力和精神准备。其次，要加深呼吸的深度，促使呼吸双循环系统机能的提高，从而为身体提供足够的氧气，降低“极点”出现后的身体不适感。同时，要保证协调、自然的长跑动作，出现“极点”后减小步幅以及双脚交换的频率，做深度、柔长的呼吸，突破“极点”也就不再那么困难了。

业余马拉松运动原则

非专业人士进行马拉松长跑时，要提前进行身体检查，以便掌握适合自己的训练强度及训练项目。由于马拉松是长距离的耐力跑，对身体素质要求较高，保证身体各器官的正常运行才能完成马拉松项目的训练。如果练习者患有心血管疾病，在训练时需要有专人在旁看护，以免意外情况发生。

运动过程中需注重身体营养的补充。长距离跑的马拉松运动项目对身体内的物质需求很高，因此要及时地补充运动消耗的营养物质，同时也要注意水分的摄入量。糖是身体能量供应的主要来源之一，所以，在运动中要适当地补充糖分，这对于保持体力是很有帮助的。

值得注意的是，非专业人士进行马拉松跑训练时，也要做到科学、有序，依据个人身体情况合理地安排训练强度。如果

在训练或比赛中出现身体不适状况，应马上停止剧烈运动，进行一段距离的缓冲走动后，待身体恢复正常，然后再继续跑。

禁忌

为了避免训练中出现意外状况，有潜藏疾病者，尤其是患有心血管疾病的人不宜进行马拉松运动。

有些人平常很少进行体育锻炼，一时心血来潮而选择运动量很大的马拉松活动，长期处于无运动量的身体很难承受如此大的运动量，对身体造成的负荷可能导致其身心紧张，出现一系列不适症状，严重者可造成猝死或者某些运动伤害。

尤其年龄偏大的人在进行马拉松运动时，更应关注自身的健康状况，以免产生不必要的伤害。患有老年高血压和糖尿病，以及进行轻微活动后伴有胸闷、头晕等不适症状的人都不适宜进行马拉松长跑。

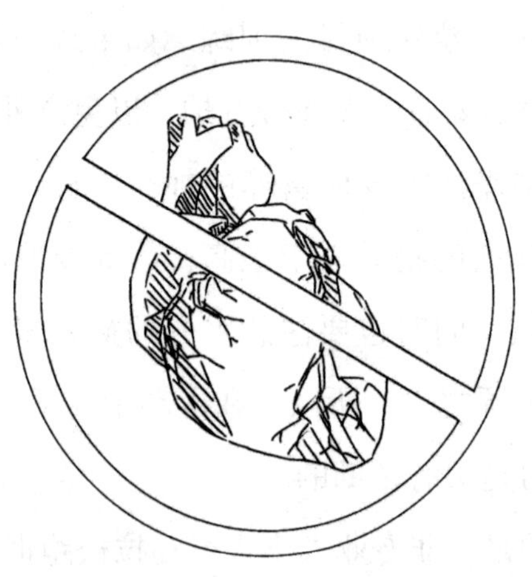

心血管疾病患者不宜马拉松运动

心态调整

马拉松长跑可帮助人们改善体质，增强机体免疫力。人们不需要在特定的场地就可以活动。只要时间允许、环境允许以及身体条件良好就可以在大街小巷中进行长跑活动。它无须昂贵的器材，只要一双舒适的跑步鞋就可以。在不妨碍交通的情况下，你可以肆意地跑动。虽然长跑能给人体带来很多好处，但除专业人士外，长期坚持长跑的人却为数不多。这主要是因为长跑耗费的时间及体力较多，而且单纯进行跑步，难免有些枯燥。对此，我们不妨进行一些其他的辅助活动以调剂长跑的枯燥感。

总是沿着一个路线跑，领略的风景毕竟有限，所以，长跑时我们不妨时常改变跑步的路线，这样就可以丰富我们的视野，减少途中的枯燥感。当然，选择的路线要安全，尽量不要选择人烟稀少的地方。公园、风景区等地方都是不错的选择，在这些地方你能呼吸新鲜的空气，领略自然的美妙，对生活充满激情与向往。

跑步时，你可以自由选择跑步方式，只要自己感觉舒适，并且不会增加身体负荷，那么就可以尝试进行。有人将气功的吐纳法运用到长跑当中。通过实践人们发现，这种气功跑不仅使人感觉不到疲劳，而且越跑越精神，同时也不会感到口干。在跑动过程中，你可以随时变换跑动姿势，不妨试试倒着跑、斜插入跑或绕着树八字跑等，这不仅能减少途中的枯燥，同时也有助于改善身体的协调性。

招呼几个志同道合的朋友，选择沿途多风景的地方进行长跑，也能减少长跑途中的枯燥感。即使你中途有放弃跑步的想法，当看到热情洋溢的同伴，你内心的情怀也会被激发出来。同朋友一道锻炼身体，不仅能使身体得到改善，同时有助于情感的交流，此时的长跑俨然成为一件乐事。

如果你是一位体力充沛的人，那么，试试追车跑吧！在一辆公共汽车或一辆自行车的后面跑，将它们看成自己超越的目标。潜意识里，前面的车，激发了你体内的活动因子，使你产生了自我突破的意愿。

我们可以将自己每天跑动的距离进行累积，某天你意识到自己长跑的距离相当于某两个地区的距离时，就可以很自豪地说："我已经徒步跑到了这里。"虽然这并非真正意义上的到达，但也能为你的长跑旅途增加一份乐趣。

你可以把平常认真做某一件事情的态度用到长跑当中，就会发现时间流逝得很快，而且也不会感到疲劳。跑步时你在脑海中回想一些愉快的经历或者没有解决的疑难问题等，都能帮你解决长跑途中的枯燥。

其实，保持愉悦的心情，带着领略风景的情感，在长跑中细细品味一下生活，不失为一个美的享受。

运动中的保健

跑步时身体出现不适症状，就需马上进行有针对性的调节，必要时立即停止跑动。跑动时出现腹部疼痛，这主要是由正式运动前未做好准备活动引起的。身体进行激烈运动时，心脏由于惰性大，不能提供肌肉运动所需的氧气，致使呼吸肌紊乱。饭后、饮水后马上进行大量运动，由于肠系膜受到过分牵拉，也可能引起腹部疼痛。所以，在锻炼前做好准备活动，开始跑动时要降低跑动速度，跑动过程中注意调节呼吸节奏及呼吸深度，都可避免腹部疼痛。当腹部疼痛发生时，除了减速慢行、调节呼吸之外，还可用手按压腹部，以减缓疼痛感。

跑动中扭伤脚踝也是经常发生的事情。因滑倒或绊倒致使脚踝受伤后，要针对伤情的严重程度进行治疗。如果是轻微的扭伤，在敷过跌倒损伤的外用药后，修养一段时间就可恢复训练，但如果伤及骨头，就需到医院就诊，按医生的医嘱进行治疗，静养时间也应更长一些。

刚开始跑步的人，在跑步结束后的第二天会感到腿部酸痛，这属于正常现象。只要身体放松后进行涂擦缓解药膏按摩，就可以解除不适感，坚持跑一段时间后，症状就可缓解甚至消失。当然，过度的训练也可引起腿部的酸痛感，此时应将跑步的距离缩短，如果情况严重，可暂时停止跑动练习，待情况缓解后再进行跑。为什么跑动会带来肌肉酸痛感呢？这是因为肌肉在收缩产生能量的同时，促使肌肉进行了一系列有机物质的转化，可形成三磷酸腺苷、磷酸肌酸等。如果运动量过大，血液循环跟不上，供氧量不足，使得血液中的乳酸堆积，此时，神经系统在受到刺激后便会引起疼痛。在结束跑步活动后，泡泡热水脚，做做足底按摩，可以舒缓腿部的经脉，减缓跑动时出现的肌肉酸痛感。

当手或脚肌肉神经紧绷，不能自由活动时，此时，只能强行用力掰开抽筋的手脚，直至症状消失不见。肌肉痉挛时，会带给人强烈的疼痛感，尤其在天气很冷的季节常出现此种现象。为此，冬天进行长跑练习时，要做好手脚的保暖工作，以免造成肌肉痉挛，进而引起身体其他部位的不适。

长跑一般采用口鼻并用呼吸法，如果呼吸不均，没有用鼻呼吸，致使冷空气进入胸腔导致肺血管收缩，可引起胸痛，而长时间挺胸跑动也可造成此种症状的发生。所以，运动中要用鼻呼吸。

长跑中出现的身体不适症状一般都是可以提前预防的，在做好准备活动后，注意呼吸与步子的协调，做好自身的保护等，都可减少不适症状的发生。